Die in der XIII. Session des Landesausschusses für Elsaß-Lothringen **neu** vorgelegten

Gesetzentwürfe

betreffend

die Reform des Grundeigenthums und Hypothekenrechts und die Einführung des Grundbuchs.

I. Entwurf eines Gesetzes, betreffend Grundeigenthum und Hypothekenwesen.

II. Entwurf eines Grundbuchgesetzes.

III. Entwurf eines Gesetzes, betreffend die Ausstellung gerichtlicher Erbbescheinigungen und die Zuständigkeit der Amtsgerichte.

LES PROJETS DE LOIS

nouvellement *présentés dans la XIIIe session du Landesausschuss de l'Alsace-Lorraine*

concernant

Réforme en matière de propriété immobilière et les hypothèques.

I. Projet d'une loi relative à la propriété foncière et au régime hypothécaire.

II. Projet d'une loi sur les livres fonciers.

III. Projet d'une loi concernant la délivrance de certificats judiciaires de qualité d'héritier et la compétence des tribunaux cantonaux.

Straßburg,
Verlag von Karl J. Trübner.
1886.

Die in der XIII. Session des Landesausschusses für Elsaß-Lothringen **neu** vorgelegten

Gesetzentwürfe

betreffend

die Reform des Grundeigenthums und Hypothekenrechts und die Einführung des Grundbuchs.

I. Entwurf eines Gesetzes, betreffend Grundeigenthum und Hypothekenwesen.

II. Entwurf eines Grundbuchgesetzes.

III. Entwurf eines Gesetzes, betreffend die Ausstellung gerichtlicher Erbbescheinigungen und die Zuständigkeit der Amtsgerichte.

LES PROJETS DE LOIS

nouvellement *présentés dans la XIIIe session du Landesausschuss de l'Alsace-Lorraine*

concernant

Réforme en matière de propriété immobilière et les hypothèques:

I. Projet d'une loi relative à la propriété foncière et au régime hypothécaire.

II. Projet d'une loi sur les livres fonciers.

III. Projet d'une loi concernant la délivrance de certificats judiciaires de qualité d'héritier et la compétence des tribunaux cantonaux.

Straßburg,
Verlag von Karl J. Trübner.
1886.

Entwurf eines Gesetzes,

betreffend

Grundeigenthum und Hypothekenwesen.

Abschnitt I.

Verträge über Liegenschaften.

§ **1**. Verträge, welche die Veräußerung oder Theilung von Liegenschaften oder die Anerkennung des Eigenthums an solchen zum Gegenstand haben, bedürfen zu ihrer Gültigkeit der Beurkundung durch Notar.

Die gesetzlichen Bestimmungen über die Beurkundung derartiger Verträge durch die Gerichte und Verwaltungsbehörden bleiben unberührt.

Abschnitt II.

Rückgängigmachung von Rechtsgeschäften über Eigenthum und Nießbrauch an Liegenschaften.

§ **2**. Mittels Klage auf Nichtigkeit oder Wiederaufhebung (Art. 1304 des Code civil) kann der Uebergang des Eigenthums an einer Liegenschaft gegen Dritte nicht rückgängig gemacht werden, welche an derselben aus der Person des Erwerbers in gutem Glauben Rechte erworben und durch Beobachtung der gesetzlichen Vorschriften gewahrt haben.

Gegen diesen Nachtheil (Abs. 1) kann sich der zur Klage Berechtigte durch eine im Wege der einstweiligen Verfügung bewilligte Eintragung sichern.

PROJET D'UNE LOI

relative à la propriété foncière et au régime hypothécaire.

SECTION I.

Des contrats immobiliers.

§ **1**. Les contrats qui ont pour objet l'aliénation ou le partage d'un immeuble ou bien la reconnaissance d'un droit de propriété immobilière doivent, à peine de nullité, être passés devant notaire.

Il n'est pas dérogé aux dispositions des lois qui autorisent les tribunaux et les autorités administratives à constater des conventions de la nature désignée.

SECTION II.

De la rescision des actes relatifs à la propriété foncière et à l'usufruit des immeubles.

§ **2**. La transmission de la propriété d'un immeuble ne peut, au moyen d'une action en nullité ou en rescision (art. 1304 du Code civil), être invalidée contre les tiers qui de bonne foi ont acquis des droits sur l'immeuble du chef de l'acquéreur et qui les ont conservés en se conformant aux lois.

Celui auquel l'action compète pourra se garantir contre le préjudice de l'alinéa 1 au moyen d'une inscription qui sera admise par ordonnance provisoire.

Die zur Begründung des Antrags auf Erlaß der Verfügung angeführten Thatsachen sind dem Gerichte glaubhaft zu machen; die Verfügung ist zu erlassen, auch wenn eine Gefährdung des Rechts nicht behauptet wird.

Das Eintragungsgesuch hat die Bezeichnung der einstweiligen Verfügung, der Parteien und der Liegenschaften sowie des Rechts auf Rückgängigmachung, unter kurzgefaßter Angabe des Grundes des Rechts, zu enthalten.

Auf das in 2 Exemplaren eingereichte Eintragungsgesuch, welchem die einstweilige Verfügung beizufügen ist, erfolgt die Eintragung im Ueberschreibungsregister und zwar, sofern der Erwerbsakt überschrieben ist, am Rande des letzteren. Das eine Exemplar nebst der einstweiligen Verfügung wird von dem Hypothekenbewahrer mit der Bescheinigung über die vollzogene Eintragung zurückgegeben.

§ 3. Auf Grund des gesetzlichen Rechts des Veräußerers auf Auflösung oder Widerruf der Veräußerung wegen Nichterfüllung der Verbindlichkeiten des Erwerbers,

auf Grund des gesetzlichen Rechts des Schenkers auf Widerruf gemäß der Artikel 960 und 1096 des Code civil,

auf Grund der in den Artikeln 1408 Abs. 2 und 1699 daselbst vorgesehenen gesetzlichen Näherrechte,

auf Grund des Rechts der Erben auf das Rückbringen oder auf Einziehung oder Minderung freigebiger Zuwendungen,
kann der Uebergang des Eigenthums an einer Liegenschaft gegen Dritte nicht rückgängig gemacht werden, welche an derselben aus der Person des Erwerbers Rechte erworben und durch Beobachtung der gesetzlichen Vorschriften gewahrt haben.

Das Gleiche gilt von dem gesetzlichen Recht auf Widerruf letztwilliger Zuwendungen wegen Nichterfüllung der auferlegten Verbindlichkeiten.

Die Bestimmungen des § 2 Abs. 2 bis 5 finden mit der Maßgabe Anwendung, daß die Eintragung erst nach dem Vorhandensein der Voraussetzungen zur Erhebung der Klage auf Rückgängigmachung bewilligt werden darf. Handelt es sich um Sicherung des Rechts auf Auflösung oder Widerruf wegen Nichterfüllung der Verbindlichkeiten des Erwerbers, so ist in dem Eintragungsgesuch der Betrag der rückständigen Leistung in Geld, nöthigenfalls schätzungsweise, anzugeben.

Les faits pour lesquels l'ordonnance est demandée doivent être vérifiés ; l'ordonnance sera donnée lors même que le demandeur ne prétend pas que son droit soit compromis.

Le bordereau d'inscription contiendra la désignation de l'ordonnance provisoire, des parties, des immeubles et du droit de rescision, ainsi qu'une indication sommaire des faits sur lesquels ce droit est basé.

Sur la production de l'ordonnance et de deux exemplaires du bordereau, l'inscription sera faite dans le registre des transcriptions ; elle se fera en marge de l'acte d'acquisition, lorsque ce dernier a été transcrit. L'un des bordereaux, ainsi que l'ordonnance, sera rendu par le conservateur des hypothèques avec la mention que l'inscription requise est effectuée.

§ **3**. En vertu du droit légal du vendeur ou donateur à la résolution ou à la révocation de l'aliénation pour cause d'inexécution des obligations de l'acquéreur,

en vertu du droit légal de révocation conféré au donateur par l'art. 960 et l'art. 1096 du Code civil,

en vertu des droits légaux de retrait prévus par les art. 1408, al. 2, et 1699 dudit Code,

en vertu du droit des héritiers au rapport, à la revendication ou à la réduction des libéralités,

la transmission de la propriété d'un immeuble ne peut être invalidée contre les tiers qui ont acquis des droits sur l'immeuble du chef de l'acquéreur et qui les ont conservés en se conformant aux lois.

Il en sera de même du droit légal de révocation des dispositions testamentaires pour cause d'inexécution des charges imposées.

Seront applicables les dispositions du § 2, alin. 2-5, avec la modification que l'inscription ne sera admise qu'après la réalisation des conditions desquelles dépend l'action rescisoire. S'il s'agit de la conservation du droit à la résolution ou à la révocation pour cause d'inexécution des obligations de l'acquéreur, le bordereau contiendra aussi l'énonciation de la somme restante ou, au besoin, l'évaluation de la prestation arriérée.

§ 4. Auf Grund einer vertragsmäßigen oder letztwilligen Bestimmung, insbesondere einer auflösenden Bedingung oder des Vorbehalts des Rückfalls- oder Wiederkaufsrechts, kann der Uebergang des Eigenthums an einer Liegenschaft gegen Dritte nicht rückgängig gemacht werden, welche an derselben aus der Person des Erwerbers Rechte erworben und durch Beobachtung der gesetzlichen Vorschriften gewahrt haben.

Gegen den in Abs. 1 erwähnten Nachtheil wird der Berechtigte durch Ueberschreitung des Erwerbsaktes und, insofern der Akt der Ueberschreibung nicht unterliegt, durch Eintragung des Rechts auf Widerruf gesichert. Im letzteren Falle finden die Vorschriften des § 2 Abs. 4, 5 mit der Maßgabe Anwendung, daß an Stelle der einstweiligen Verfügung der Erwerbsakt tritt.

§ 5. Die Bestimmung des Artikels 7 des Gesetzes über die Ueberschreibung vom 23. März 1855 (Bull. des lois Ser. IX Nr. 7443) wird durch die Vorschriften der §§ 3 und 4 nicht berührt.

§ 6. Im Sinne der §§ 2 bis 4 steht dem Eigenthum an einer Liegenschaft der Nießbrauch an einer solchen gleich.

Abschnitt III.

Vorzugsrechte.

§ 7. Die Vorzugsrechte des Verkäufers oder Vertauschers, des Darleihers und des Theilungsgenossen (Code civil Art. 2103 Nr. 1 bis 3, Art. 2108 und 2109) bleiben nur als Hypotheken (Art. 2113 daselbst) bestehen, wenn sie nicht spätestens in der Frist von 45 Tagen nach der Veräußerung, Theilung oder Theilungsversteigerung gewahrt sind. Das Vorzugsrecht der Erbschaftsgläubiger und Vermächtnißnehmer (Code civil Art. 2111) kann nur in der Frist von 3 Monaten nach Eröffnung der Erbschaft wirksam gewahrt werden.

§ 8. Das dem Staate wegen der Strafgerichtskosten zufolge des Gesetzes vom 5. September 1807 (Bull. des lois Ser. IV Nr. 2743) zustehende Vorzugsrecht bleibt nur als Hypothek bestehen.

§ **4**. En vertu d'une disposition conventionelle ou testamentaire, notamment d'une condition résolutoire, de la réserve du droit de retour ou de la faculté de rachat, la transmission de la propriété ne peut être invalidée contre les tiers qui ont acquis des droits sur l'immeuble du chef de l'acquéreur et qui se sont conformés aux lois pour les conserver.

La partie intéressée est garantie contre le préjudice de l'alinéa 1 par la transcription de l'acte d'acquisition, et dans le cas où l'acte n'est pas soumis à la transcription, par l'inscription du droit de révocation. Sont applicables au dernier cas les prescriptions des alinéas 4 et 5 du § 2 avec la modification que l'ordonnance provisoire est remplacée par l'acte d'acquisition.

§ **5**. Les prescriptions des §§ 3 et 4 ne dérogent point à la disposition de l'art. 7 de la loi du 23 mars 1855 sur la transcription (*Bull. des lois* sér. IX, nº 7443).

§ **6**. Dans le sens des §§ 2 à 4 l'usufruit d'un immeuble est assimilé à la propriété foncière.

SECTION III.

Des priviléges.

§ **7**. Le privilége du vendeur ou de l'échangiste, celui du prêteur d'un prix de vente et celui du copartageant (art. 2103, nºs 1 à 3, art. 2108 et 2109 du Code civil) ne continueront d'exister que comme simples hypothèques (art. 2113 dudit Code), à moins qu'ils ne soient conservés au plus tard dans le délai de 45 jours à partir de l'aliénation, du partage ou de la licitation. Le privilége des créanciers d'une succession et des légataires (art. 2111 du Code civil) ne peut être conservé valablement que dans un délai de 3 mois depuis l'ouverture de la succession.

§ **8**. Le privilége accordé à l'État pour les frais criminels par la loi du 5 septembre 1807 (*Bull. des lois*, sér. IV, nº 2743) ne continuera d'exister que comme hypothèque.

Abschnitt IV.

Hypotheken.

§ **9.** Die gesetzlichen Vorschriften, wonach eine Hypothek aus der Entscheidung eines Gerichts oder einer Verwaltungsbehörde entsteht, treten außer Kraft.

Die hypothekarische Sicherheit der Ansprüche der Mündel und Ehefrauen wird nur nach Maßgabe der nachfolgenden Bestimmungen wirksam.

§ **10.** Für die Sicherheit der aus der Führung der Vormundschaft entspringenden Ansprüche des Mündels hat der Familienrath durch Bestellung einer Hypothek gegen den Vormund zu sorgen. Diese Verpflichtung liegt ihm insbesondere ob bei Ernennung des Vormunds oder Gegenvormunds, bei der Beschlußfassung über die Annahme einer Erbschaft, einer Schenkung oder eines Vermächtnisses sowie bei jedem sonstigen Anfall von Vermögen an den Mündel.

Der Familienrath kann jedoch von der Hypothekbestellung absehen, wenn und so lange daraus nach Lage der Verhältnisse eine Benachtheiligung des Mündels nicht zu erwarten steht.

Die Bestellung der Hypothek erfolgt für eine bestimmte Summe und auf bestimmte Gegenstände.

Die bestellte Sicherheit kann vom Familienrath jederzeit sowohl der Summe als dem Gegenstande nach erhöht und auf Antrag des Belasteten gemindert oder aufgehoben werden.

Sofern nicht Gefahr im Verzug obwaltet, ist vor der Bestellung oder Erhöhung der Sicherheit dem Vormund und vor der Minderung oder Aufhebung derselben dem Gegenvormund Gelegenheit zur Erklärung zu geben.

Das Verfahren erfolgt frei von Staatsgebühren.

§ **11.** Besitzt der Vormund kein zur Sicherung des Mündels hinreichendes unterpfandsfähiges Vermögen, so kann der Familienrath die Hinterlegung oder Anlegung des Ueberschusses der Einnahmen über die Ausgaben sowie die Hinterlegung der Werthpapiere des Mündels, welche auf den Inhaber lauten oder an den Inhaber zahlbar sind, anordnen.

Die Anlegung erfolgt in Schuldverschreibungen des Reichs, des Landes oder eines Bundesstaats, auf sichere Hypothek oder

SECTION IV.

Des hypothèques.

§ **9**. Sont abrogées les dispositions légales d'après lesquelles une hypothèque résulte de la décision d'un tribunal ou d'une autorité administrative.

La garantie hypothécaire des droits des mineurs et des femmes mariées continuera d'exister selon les dispositions suivantes.

§ **10**. Pour garantir les droits du mineur résultant de l'administration tutélaire, le conseil de famille doit constituer une hypothèque à la charge du tuteur. Ce devoir lui incombe surtout lors de la nomination du tuteur ou du subrogé tuteur, lors de la délibération sur l'acceptation d'une succession, d'une donation ou d'un legs ainsi qu'aux autres cas où des valeurs adviendraient au pupille.

Néanmoins le conseil de famille pourra faire abstraction de la constitution de l'hypothèque, lorsque et tant que les circonstances excluent tout danger d'un préjudice pour le mineur.

L'hypothèque sera établie pour une somme déterminée et sur des objets également déterminés.

Le conseil de famille pourra toujours étendre la sûreté hypothécaire en augmentant soit la somme garantie, soit les immeubles hypothéqués; à la requête du grevé il pourra la réduire ou révoquer.

Seront entendus le tuteur avant la constitution ou l'augmentation et le subrogé tuteur avant la réduction ou révocation, sauf les cas où il y a péril en demeure.

La procédure se fera sans frais.

§ **11**. Si le tuteur ne possède pas des biens immeubles suffisants pour servir de gage au mineur, le conseil de famille pourra prescrire le dépôt ou l'emploi de l'excédent des revenus sur la dépense, ainsi que le dépôt des titres au porteur appartenant au pupille.

L'emploi se fera, selon les indications du conseil de famille, en obligations de l'Empire, du pays ou d'un État de

mittels Ankaufs von Liegenschaften, nach näherer Anweisung des Familienraths.

Der Gegenvormund hat unter Aufsicht des Amtsrichters die Ausführung der Anordnungen zu überwachen und nöthigenfalls mit dessen Genehmigung im Wege der Klage zu verfolgen.

§ **12**. Der Genehmigung des Familienraths bedarf der Vormund in allen Fällen:

1) zur Veräußerung von Werthpapieren und zur Umwandlung von Papieren auf Namen in Papiere auf den Inhaber;
2) zur Einziehung, Abtretung und Verpfändung von Kapitalien;
3) zur Aufgabe oder Minderung der für eine Forderung bestellten Sicherheit.

Der Familienrath kann dem Vormund aufgeben, dem Amtsgericht alljährlich oder in längeren Zwischenräumen ein Verzeichniß über den Stand des Vermögens des Mündels einzureichen.

§ **13**. Zur Beschlußfassung über die vorerwähnten Sicherheitsmaßregeln wird der Familienrath durch den Amtsrichter von Amtswegen oder auf Antrag zusammenberufen.

Zu dem Antrag sind berechtigt der Gegenvormund, die Verwandten, Verschwägerten, Freunde und Gläubiger des Mündels sowie die Staatsanwaltschaft bei dem Landgericht.

§ **14**. Gegen die Beschlüsse des Familienraths steht dem Vormund, dem Gegenvormund und dem Antragsteller nach Maßgabe der §§ 532 bis 538 der Civilprozeßordnung das Rechtsmittel der Beschwerde zu. Ueber dasselbe entscheidet das Landgericht endgültig nach schriftlichem Antrag der Staatsanwaltschaft.

§ **15**. Das für die Vormundschaft zuständige Amtsgericht hat die Eintragung der Hypothek und die Erneuerung der Eintragung während der Vormundschaft nachzusuchen. In dem Gesuch um Eintragung ist für den Mündel auf der Amtsgerichtsschreiberei Wohnsitz zu wählen.

§ **16**. Die Eintragung der Hypothek wird gelöscht auf Grund Beschlusses des Familienraths und Bescheinigung des Amtsgerichtsschreibers, daß entweder Beschwerde nicht eingelegt oder die eingelegte Beschwerde zurückgewiesen ist, oder auf Grund Beschlusses des Beschwerdegerichts (§ 14). Vor Ablauf von zwei

la Confédération, en bonnes hypothèques ou par achat de biens immeubles.

Le subrogé tuteur surveillera, sous la direction du juge cantonal, l'exécution des mesures ordonnées et au besoin la poursuivra, avec l'autorisation du même juge, par le moyen d'une action.

§ **12**. Dans tous les cas le tuteur a besoin de l'autorisation du conseil de famille :

1° pour l'aliénation des valeurs mobilières et la conversion des titres nominatifs en titres au porteur;

2° pour le recouvrement, le transport et le nantissement des capitaux ;

3° pour l'abandonnement ou la restriction des sûretés stipulées pour une créance.

Le conseil de famille peut astreindre le tuteur à présenter, soit chaque année, soit dans des intervalles plus longs, un état de la fortune du mineur au tribunal cantonal.

§ **13**. Pour délibérer sur les mesures de garantie prédésignées, le conseil de famille sera convoqué par le juge cantonal d'office ou sur requête.

Pourront requérir la convocation le subrogé tuteur, les parents, alliés, amis et créanciers du mineur ainsi que le ministère public près le tribunal régional.

§ **14**. Les délibérations du conseil de famille sont soumises au recours du tuteur, du subrogé tuteur et du requérant, dans le sens des §§ 532 à 538 du Code de procédure civile. Il sera statué par le tribunal régional jugeant en dernier ressort sur les conclusions écrites du ministère public.

§ **15**. Le tribunal cantonal saisi de la tutelle requerra l'inscription de l'hypothèque et pendant la durée de la tutelle le renouvellement de l'inscription. Le bordereau d'inscription contiendra élection de domicile au greffe du tribunal cantonal.

§ **16**. L'inscription hypothécaire sera rayée en vertu d'une délibération du conseil de famille ou bien d'une décision du tribunal de recours (§ 14). Sera joint à la délibération du conseil de famille le certificat du greffier du tribunal cantonal énonçant qu'il n'y a pas eu de recours ou bien qu'il a été rejeté. Le certificat ne sera rendu qu'à l'expiration de

Wochen nach Zustellung der Entscheidung an die Gegenseite darf die Bescheinigung nicht ausgestellt werden.

§ **17**. Die Bestellung der Hypothek an Liegenschaften des vorläufigen Verwalters auf Grund des Artikels 34 des Gesetzes über die Geisteskranken vom 30. Juni 1838 (Bull. des lois Ser. IX Nr. 7443) erfolgt für eine bestimmte Summe und auf bestimmte Gegenstände durch Beschluß des Amtsgerichts, in dessen Bezirk der Geisteskranke seinen Wohnsitz hat.

Die §§ 10 Abs. 4 bis 6, §§ 14 bis 16 finden mit der Maßgabe entsprechende Anwendung, daß an die Stelle des Familienraths das Amtsgericht und an die Stelle des Gegenvormundes die Staatsanwaltschaft bei dem Landgerichte tritt.

§ **18**. Für die der Ehefrau als solcher erwachsenden vermögensrechtlichen Ansprüche ist im Ehevertrag an einer oder mehreren Liegenschaften des Bräutigams bis zum Belauf einer vereinbarten Summe eine Hypothek zu bestellen.

Der Notar hat den Bräutigam auf diese Verpflichtung hinzuweisen und, sofern derselben nicht genügt wird, den Hinweis sowie die etwaige Erklärung des Bräutigams im Ehevertrag zu vermerken.

§ **19**. Hat die Bestellung einer Hypothek durch Vertrag nicht stattgefunden, so ist der Ehefrau gegen den Ehemann auf Antrag durch gerichtliche Entscheidung eine Hypothek zu bestellen.

Das Gericht kann jedoch von der Hypothekbestellung absehen, wenn und so lange daraus nach Lage der Verhältnisse eine Benachtheiligung der Ehefrau nicht zu erwarten steht.

Die Bestellung der Hypothek erfolgt für eine bestimmte Summe und auf bestimmte Gegenstände.

Im Fall der Unzulänglichkeit der durch Vertrag oder gerichtliche Entscheidung bestellten Hypothek kann das Gericht auf Antrag die Sicherheit sowohl der Summe als dem Gegenstande nach erhöhen. Das Gericht kann auch die durch gerichtliche Entscheidung bestellte Hypothek, sofern sie nicht an einen Dritten abgetreten ist, auf Antrag des Belasteten vor wie nach Auflösung der Ehe mindern oder aufheben.

Die Vorschriften des Artikels 9 des Gesetzes über die Ueberschreibung vom 23. März 1855 finden auf die Abtretung der vertragsmäßigen wie der durch gerichtliche Entscheidung bestellten Hypothek und auf den Verzicht darauf Anwendung.

deux semaines après la signification de la décision à la partie adverse.

§ **17**. L'hypothèque sur les immeubles de l'administrateur provisoire, prévu par l'art. 34 de la loi sur les aliénés du 30 juin 1838 (*Bull. des lois*, sér. IX, nº 7443), sera constituée par décision du tribunal cantonal du domicile de l'aliéné, pour une somme déterminée et sur des immeubles également déterminés.

Les alinéas 4 à 6 du § 10 et les §§ 14 à 16 sont applicables avec la modification que le conseil de famille est remplacé par le tribunal cantonal et le subrogé tuteur par le procureur impérial près le tribunal régional.

§ **18**. Pour sûreté des droits matrimoniaux de la femme il lui doit être constitué, par le contrat de mariage, une hypothèque grevant un ou plusieurs immeubles du mari jusqu'au montant de la somme fixée par les parties.

Le notaire doit signaler cette obligation au futur époux et, pour le cas qu'on ne s'y conforme pas, faire dans le contrat de mariage mention de l'interpellation et de la réponse que l'interpellé aurait donnée.

§ **19**. Lorsque au profit de la femme contre le mari une hypothèque n'a pas été établie par convention, elle sera, sur requête, constituée par décision judiciaire.

Néanmoins le tribunal pourra faire abstraction de la constitution de l'hypothèque, lorsque et tant que les circonstances excluent tout danger d'un préjudice pour la femme.

L'hypothèque sera établie pour une somme déterminée et sur des objets également déterminés.

En cas d'insuffisance de l'hypothèque établie par convention ou par décision judiciaire, le tribunal pourra, sur requête, étendre la sûreté hypothécaire en augmentant soit la somme garantie, soit les immeubles hypothéqués. A la requête du grevé il pourra, tant avant qu'après la dissolution du mariage, réduire ou révoquer l'hypothèque, à moins qu'elle n'ait été cédée à un tiers.

La cession de l'hypothèque établie par convention ou par décision judiciaire et la renonciation à une telle hypothèque sont soumises aux prescriptions de l'art. 9 de la loi sur la transcription du 23 mars 1855.

§ **20**. Zu dem Antrag auf Bestellung oder Erhöhung der Sicherheit sind berechtigt die Ehefrau und in ihrem Namen die Verwandten und Verschwägerten der Eheleute bis zum dritten Grad sowie die Staatsanwaltschaft bei dem Landgericht.

Der Notar, welcher bei Aufnahme eines Inventars oder bei Beurkundung eines Rechtsgeschäfts der Ehefrau von einem Anspruch derselben gegen den Ehemann Kenntniß erhält, hat die Ehefrau wegen Bestellung einer Hypothek zu befragen und bejahendenfalls dem zuständigen Amtsgericht (§ 21) auf ungestempeltem Papier kostenfreie Anzeige zu machen. Befragung wie Antwort der Ehefrau soll der Notar in der Urkunde feststellen. Das Gericht hat wegen des Anspruchs der Ehefrau gegen den Ehemann geeignetenfalls eine Hypothek zu bestellen.

Die Kosten der Hypothekbestellung fallen dem Ehemanne zur Last.

§ **21**. Die Entscheidung (§ 19) erfolgt durch Beschluß des Amtsgerichts, in dessen Bezirk der Wohnsitz der Ehefrau oder, falls diese in Elsaß-Lothringen einen Wohnsitz nicht hat, der Grundbesitz des Ehemannes sich befindet.

Vor der Entscheidung ist dem Ehemann wie der Ehefrau Gelegenheit zur Erklärung zu geben, sofern nicht Gefahr im Verzuge obwaltet. Auch sind während der Ehe über den Antrag auf Minderung oder Aufhebung der Hypothek drei Verwandte derselben oder drei mit ihr oder ihrer Familie befreundete Personen gutachtlich zu hören.

Gegen den Beschluß steht der Ehefrau, dem Ehemann und dem Antragsteller das Rechtsmittel der Beschwerde nach Maßgabe der §§ 532 bis 538 der Civilprozeßordnung zu. Ueber dasselbe entscheidet das Landgericht endgültig nach schriftlichem Antrag der Staatsanwaltschaft.

§ **22**. Die Eintragung der durch gerichtliche Entscheidung bestellten Hypothek ist von dem Amtsgericht, die Eintragung der durch Vertrag bestellten Hypothek von dem Notar nachzusuchen. Die eine und andere Eintragung bedarf der Erneuerung nicht.

Der § 16 findet mit der Maßgabe Anwendung, daß an die Stelle des Familienraths das Amtsgericht tritt.

§ **20**. La constitution et l'augmentation de la sûreté hypothécaire pourront être requises par la femme et, en son nom, par les parents ou alliés des époux jusqu'au troisième degré ainsi que par le ministère public près le tribunal régional.

Le notaire qui, lors de la rédaction d'un inventaire ou d'un acte de la femme, apprend qu'une créance existe au profit d'une femme contre le mari, doit interpeller la femme au sujet de l'établissement d'une hypothèque et au cas de son assentiment en donner avis, sans frais et sur papier libre, au tribunal cantonal compétent (§ 21). L'interpellation et la réponse de la femme seront constatées par l'acte du notaire. Le tribunal constituera, s'il y a lieu, une hypothèque pour sûreté de la créance de la femme contre le mari.

Les frais de l'établissement de l'hypothèque sont à la charge de l'époux.

§ **21**. La décision (§ 19) sera prise par le tribunal cantonal dans le ressort duquel la femme a son domicile ou, lorsqu'elle n'a aucun domicile en Alsace-Lorraine, dans le ressort duquel les immeubles du mari sont situés.

Avant la décision le mari ainsi que la femme seront invités à faire leurs observations, à moins qu'il n'y ait péril en la demeure.

Si, durant le mariage, il s'agit d'une réduction ou d'une révocation de l'hypothèque, seront entendus en outre trois parents de la femme ou trois amis soit d'elle-même soit de sa famille.

La décision est soumise au recours de la femme, du mari et du requérant, dans le sens des §§ 532 à 538 du Code de procédure civile. Il sera statué par le tribunal régional, jugeant en dernier ressort, sur les conclusions écrites du ministère public.

§ **22**. L'inscription de l'hypothèque établie par décision judiciaire sera requise par le tribunal cantonal, l'inscription de l'hypothèque conventionnelle par le notaire. L'une et l'autre inscription est dispensée du renouvellement.

Le § 16 est applicable avec la modification que le conseil de famille est remplacé par le tribunal cantonal.

Abschnitt V.

Vollziehung des Arrestes und einstweiliger Verfügungen in das unbewegliche Vermögen.

§ 23. Die Vollziehung des Arrestes in das unbewegliche Vermögen wird durch Beschlagnahme bewirkt. Dieselbe erfolgt durch Beschluß des Arrestgerichts — Civilprozeßordnung § 799 —; in dem Beschluß sind die einzelnen Liegenschaften und der im § 803 daselbst bezeichnete Geldbetrag anzugeben. Der Gläubiger hat den Beschluß zustellen zu lassen.

Die Beschlagnahme ist nicht weiter auszudehnen, als es nach den geeignetenfalls glaubhaft zu machenden Angaben des Gläubigers zu dessen Sicherheit erforderlich erscheint.

§ 24. Die nach der Beschlagnahme vom Schuldner vorgenommenen Veräußerungen, Belastungen, Vermiethungen und Verpachtungen sind dem zur Zwangsvollstreckung schreitenden Gläubiger gegenüber unwirksam. Die Unwirksamkeit kann jedoch gegen Dritte nur geltend gemacht werden, wenn ihnen die Anordnung bekannt oder der Beschlagnahmebeschluß im Ueberschreibungsregister überschrieben war.

§ 25. Die Beschlagnahme verliert nach Ablauf eines Jahres nach Erlaß des Beschlagnahmebeschlusses ihre Kraft, es sei denn, daß der Gläubiger inzwischen den Antrag auf Anordnung der Zwangsvollstreckung angebracht oder sich der Zwangsvollstreckung eines andern Gläubigers angeschlossen hat oder daß eine Verlängerung der Frist durch das Gericht der Hauptsache eingetreten ist.

Eine mehrmalige Fristverlängerung ist statthaft.

§ 26. Die Beschränkung des Schuldners durch eine einstweilige Verfügung, welche unbewegliches Vermögen zum Gegenstande hat, kann Dritten nur entgegengesetzt werden, wenn ihnen die Anordnung bekannt oder die dieselbe enthaltende Entscheidung im Ueberschreibungsregister überschrieben war.

§ 27. Bei Aufhebung des Arrestes wie der einstweiligen Verfügung ist zugleich die Löschung der bewirkten Ueberschreibung anzuordnen. Diese Anordnung ist auf Antrag des Arrestschuldners vom Arrestgericht gleichfalls zu erlassen, wenn demselben die Fortdauer der Beschlagnahme nach Ablauf des Jahres nicht nachgewiesen ist.

SECTION V.

Exécution de la contrainte et des mesures provisoires sur les biens immeubles.

§ **23**. L'exécution de la contrainte sur les biens immeubles se fait par une saisie décrétée par ordonnance du tribunal de la contrainte (§ 799 du Code de procédure civile). Cette ordonnance désignera les immeubles et fixera une somme d'argent dans le sens du § 803 du même Code. Elle sera signifiée par le créancier.

La saisie ne doit pas être étendue au delà des limites paraissant nécessaires pour la conservation des droits du créancier selon les indications de ce dernier, qui au besoin seront vérifiées.

§ **24**. Les aliénations, les concessions de droits réels, les baux à ferme et à loyer consentis par le débiteur après la saisie restent sans effet vis-à-vis du créancier procédant à l'exécution forcée. Néanmoins cette inefficacité ne pourra être opposée aux tiers que dans les cas où la mesure leur a été connue ou l'ordonnance de saisie a été transcrite sur le registre des transcriptions.

§ **25**. La saisie perd son effet à l'expiration d'une année à partir de la date de l'ordonnance, à moins que dans l'intervalle le créancier n'ait formé la demande à fin d'exécution forcée ou n'ait adhéré à l'exécution poursuivie par un autre créancier ou que le délai n'ait été prorogé par le tribunal appelé à statuer sur le fond.

Le délai pourra être prorogé plusieurs fois.

§ **26**. Les restrictions imposées au débiteur par une mesure provisoire concernant des biens immeubles ne pourront être opposées aux tiers que dans les cas où la mesure a été connue d'eux ou bien transcrite sur le registre des transcriptions.

§ **27**. En prononçant la main-levée de la contrainte ou de la mesure provisoire, le juge doit en même temps ordonner la radiation de la transcription qui a eu lieu. La même radiation est ordonnée, sur requête du saisi, par le tribunal de la contrainte, si après l'expiration de l'année la preuve que la saisie continue d'exister, ne lui est pas fournie.

Abschnitt VI.
Allgemeine Bestimmungen.

§ **28**. Alle Hypotheken erlangen Rang und Wirksamkeit gegen Dritte vom Tage der Eintragung an.

Die Eintragung der Vorzugsrechte wie der Hypotheken kann gültigerweise nur für eine bestimmte, nöthigenfalls zu veranschlagende Summe an Haupt- und Nebenforderungen und nur auf einzelne bestimmt bezeichnete Liegenschaften genommen werden.

Die Eintragungsgesuche haben den Vorschriften des Artikels 2148 Abs. 1 und 2 des Code civil zu entsprechen mit der Maßgabe, daß in Ermangelung eines besonderen Titels statt der Angabe des Datums und der Beschaffenheit desselben die Angabe der Beschaffenheit der zu wahrenden Ansprüche genügt. Die Nichtbeobachtung dieser Förmlichkeiten zieht nur insoweit, als Dritte dadurch in Nachtheil gerathen, die Nichtigkeit der Eintragung nach sich.

§ **29**. Die Bestimmung des Artikels 6 Abs. 1 des Gesetzes über die Ueberschreibung vom 23. März 1855, betreffend den Ausschluß der Eintragung durch die Ueberschreibung der Erwerbsurkunde, wird auf alle Hypotheken ausgedehnt.

§ **30**. Alle diesem Gesetze widersprechenden Bestimmungen werden aufgehoben. Ferner werden aufgehoben die §§ 31 bis 34 des Gesetzes über die Zwangsvollstreckung in das unbewegliche Vermögen vom 30. April 1880 (Ges.-Bl. f. Els.-Lothr. 1880 S. 93) und alle Bestimmungen, welche betreffen :

das in dem Artikel 2103 Nr. 4 und 5 des Code civil aufgeführte Vorzugs- und eventuelle Hypothekarrecht, ferner die durch die Gesetze über die Austrocknung der Sümpfe vom 16. September 1807 (Bull. des lois Ser. IV Nr. 2797) und über die Entwässerung vom 17. Juli 1856 (Bull. des lois Ser. XI Nr. 3835) zu Gunsten des Staats, der Syndikate, Konzessionsinhaber (Unternehmer) und Darleiher begründeten, sowie endlich die dem Staate, den Gemeinden, öffentlichen Anstalten und Bezirken wegen ihrer Guthaben an die rechnungspflichtigen Einnehmer und Verwalter und wegen ihrer Vorlagen für die Niederreißung baufälliger Gebäude zustehenden Vorzugsrechte und gesetzlichen Hypothekarrechte.

SECTION VI.

Dispositions générales.

§ **28**. Toutes les hypothèques prennent leur rang et effet contre les tiers du jour de l'inscription.

L'inscription des priviléges et des hypothèques ne pourra être prise valablement que pour des sommes précisées tant au capital qu'aux accessoires et sur des immeubles désignés individuellement; le montant des sommes indéterminées sera évalué.

Les bordereaux d'inscription seront conformes aux dispositions de l'art. 2148, al. 1 et 2 du Code civil. Dans les cas où il n'y a pas de titre, la désignation de la date et de la nature du titre sera remplacée par l'indication des droits à conserver. L'inobservation de ces formalités n'entraîne nullité de l'inscription que tant qu'elle a causé un préjudice aux tiers.

§ **29**. Est étendue à toutes les hypothèques la disposition de l'art. 6, al. 1 de la loi sur la transcription du 23 mars 1855, portant qu'à partir de la transcription inscription ne pourra être prise utilement sur le précédent propriétaire.

§ **30**. Sont abrogées toutes les dispositions contraires à cette loi. Sont abrogés en outre les §§ 31 à 34 de la loi concernant l'exécution forcée sur les biens immeubles du 30 avril 1880 (*Bull. des lois pour l'Alsace-Lorraine*, p. 93), ainsi que toutes les dispositions concernant:

1° le privilége et l'hypothèque éventuelle de l'art. 2103 n°s 4 et 5 du Code civil, les priviléges et hypothèques légales prévus par les lois relatives au dessèchement des marais, du 16 septembre 1807 (*Bull. des lois*, sér. IV, n° 2797), et au drainage, du 17 juillet 1856 (*Bull. des lois*, sér. XI, n° 3835), au profit de l'État, des syndicats, des concessionnaires (entrepreneurs) et prêteurs, et ceux de l'État, des communes, des établissements publics et des départements, pour la sûreté de leurs réclamations contre les receveurs comptables ou administrateurs, et des avances faites pour démolition de bâtiments menaçant ruine.

Aufgehoben wird endlich der Artikel 2180 Nr. 4 sowie Abs. 2 und 3 des Code civil.

Eine Verjährung der Hypothek findet nur durch Verjährung der persönlichen Schuld statt.

Abschnitt VII.

Uebergangsbestimmungen.

§ **31**. Die in den §§ 2 bis 4 erwähnten, am Tage des Inkrafttretens dieses Gesetzes bestehenden Rechte auf Rückgängigmachung des Uebergangs des Eigenthums an unterpfandsfähigen Sachen können gegen Dritte, welche aus der Person des Erwerbers an jenen Sachen Rechte erworben und durch Beobachtung der gesetzlichen Vorschriften gewahrt haben, nur geltend gemacht werden, wenn sie innerhalb eines Jahres nach jenem Zeitpunkte nach Maßgabe der §§ 2 bis 4 durch Eintragung beziehungsweise Ueberschreibung gewahrt sind; die Wahrung erfolgt frei von Staatsgebühren.

Die vorstehende Beschränkung findet auf das im § 2 aufgeführte Recht auf Rückgängigmachung eines Eigenthumsübergangs nur Anwendung, sofern der letztere notariell beurkundet ist.

§ **32**. Die am Tage des Inkrafttretens dieses Gesetzes zu Recht bestehenden Eintragungen von Vorzugs- und Hypothekarrechten, welche den Bestimmungen des § 28 nicht entsprechen, verlieren ihre Wirksamkeit, wenn sie nicht spätestens in Jahresfrist nach jenem Zeitpunkte der bezeichneten Vorschrift gemäß erneuert sind. Die Erneuerung erfolgt frei von Staatsgebühren.

§ **33**. Die im Artikel 2103 Nr. 1 und 2 des Code civil erwähnten Vorzugsrechte des Verkäufers und des Darleihers aus einem vor dem Inkrafttreten dieses Gesetzes abgeschlossenen Kaufvertrage bleiben nur als Hypotheken (Art. 2113 daselbst) bestehen, wenn sie nicht spätestens in der Frist von 45 Tagen nach jenem Zeitpunkte gewahrt sind.

§ **34**. Die Hypothek aus einer vor dem Inkrafttreten dieses Gesetzes ergangenen Entscheidung eines Gerichts oder einer Verwaltungsbehörde erlischt, wenn sie nicht spätestens in Jahresfrist nach jenem Zeitpunkte durch eine den Bestimmungen des § 28 entsprechende Eintragung gewahrt ist.

Sont également abrogés le n° 4 et les alinéas 2 et 3 de l'art. 2180 du Code civil.

L'hypothèque ne sera éteinte par prescription que si l'action personnelle sera prescrite.

SECTION VII.

Dispositions transitoires.

§ **31**. Les droits à la rescision de la transmission de la propriété immobilière dans le sens des §§ 2 à 4 qui existent lors de la mise en vigueur de cette loi, ne pourront plus être exercés contre des tiers ayant acquis des droits sur ces objets du chef de l'acquéreur et les ayant conservés selon les prescriptions légales, à moins qu'ils n'aient été conservés par une inscription ou transcription prise conformément aux §§ 2 à 4, dans l'année, à compter de l'époque indiquée; la conservation se fera sans frais.

La disposition précédente ne s'applique au droit à la rescision d'une transmission désigné par le § 2 que dans les cas où cette transmission a été constatée par acte notarié.

§ **32**. Les inscriptions de privilèges et hypothèques non conformes aux dispositions du § 28, qui existent au jour de la mise en vigueur de cette loi, perdront leur effet si elles ne sont pas renouvelées, conformément audit paragraphe, dans le délai d'une année à partir de la même époque. Le renouvellement se fera sans frais.

§ **33**. Les privilèges du vendeur et du prêteur (art. 2103, n°s 1 et 2 du Code civil), résultant d'un acte de vente passé avant la mise en vigueur de cette loi, doivent être conservés dans les 45 jours à partir de la même époque; à défaut de la conservation dans ce délai, les privilèges ne sont maintenus qu'à titre d'hypothèque (art. 2113 du même Code).

§ **34**. L'hypothèque résultant d'une décision d'un tribunal ou d'une autorité administrative rendue avant la mise en vigueur de cette loi s'éteint lorsqu'elle n'est pas conservée dans l'année, à partir de cette époque, par une inscription conforme aux dispositions du § 28.

Dasselbe gilt von den im § 30 dieses Gesetzes erwähnten Vorzugsrechten und gesetzlichen Hypothekarrechten.

§ 35. Die am Tage des Inkrafttretens dieses Gesetzes bestehenden Hypotheken der Ehefrauen wie der Mündel, einschließlich der Hypotheken der aus der Vormundschaft entlassenen Mündel, erlöschen, wenn sie nicht spätestens in Jahresfrist nach jenem Zeitpunkte durch eine den Bestimmungen des § 28 entsprechende Eintragung gewahrt sind.

Die vor Ablauf der Jahresfrist genommene Eintragung ist ungeachtet der etwa bis dahin überschriebenen Rechtsgeschäfte (Artikel 6 Abs. 1 des Gesetzes über die Ueberschreibung vom 23. März 1855) wirksam.

Bezüglich der noch unter Vormundschaft stehenden Personen erfolgt die Bestimmung der Summe und der Liegenschaften, sowie die Eintragung nach den Vorschriften der §§ 10 und 13 bis 15.

§ 36. Ein am Tage des Inkrafttretens dieses Gesetzes bestehendes allgemeines Hypothekarrecht erstreckt sich nicht auf die Liegenschaften, welche von dem Schuldner nach jenem Zeitpunkte erworben werden.

§ 37. An Salarien (§ 2 des Gesetzes vom 27. Oktober 1872, Ges.-Bl. f. Els.-Lothr. S. 765) werden erhoben:

für jede Eintragung zur Sicherung gegen die in den §§ 2, 3, 4 bezeichneten Nachtheile . . . . . 40 Pfg. vom Blatt (Rolle),

für jeden Auszug und jede Löschung einer solchen Eintragung . . . . 80 Pfg.

§ 38. Das gegenwärtige Gesetz tritt mit dem . . . . in Kraft.

Il en est de même des priviléges et hypothèques légales mentionnés au § 30 de cette loi.

§ **35**. Les hypothèques des femmes ainsi que des mineurs et interdits existant au jour de la mise en vigueur de cette loi, y compris les hypothèques des mineurs devenus majeurs et des interdits relevés de l'interdiction, s'éteignent lorsqu'elles ne sont pas conservées dans l'année, à partir de la même époque, par une inscription conforme aux dispositions du § 28.

L'inscription prise avant l'expiration du délai de l'année est valable nonobstant les actes qui seraient transcrits pendant ce délai (art. 6, al. 1 de la loi sur la transcription du 23 mars 1855).

Les dispositions des §§ 10 et 13 à 15, qui concernent la fixation de la somme, la désignation de l'immeuble et l'inscription sont applicables aux cas où il y a lieu de conserver l'hypothèque d'un mineur ou d'un interdit avant la cessation de la tutelle.

§ **36**. L'hypothèque générale existant au jour de la mise en vigueur de cette loi ne s'étend point aux immeubles acquis par le débiteur après cette époque.

§ **37**. Seront prélevés comme salaires (§ 2 de la loi du 27 octobre 1872, *Bulletin des lois pour l'Alsace-Lorraine*, p. 765):

pour toute inscription en garantie contre les préjudices énoncés aux §§ 2, 3, 4: 40 pfennig par rôle ;

pour tout extrait et toute radiation d'une inscription pareille : 80 pfennig.

§ **38**. Cette loi entrera en vigueur le . . . . . .

Entwurf eines Grundbuchgesetzes.

Erster Abschnitt.

Grundbücher, Grundbuchämter und Verfahren in Grundbuchsachen.

Grundbücher.

§ 1. Für jede Gemeinde wird ein Grundbuch angelegt.

In dasselbe werden auf Grundlage des Katasters die in dem Gemeindebezirke (der Gemarkung) liegenden Grundstücke eingetragen.

§ 2. Die Grundbücher dienen nach näherer Vorschrift dieses Gesetzes zum Nachweise des Eigenthums, der Hypotheken und sonstigen Belastungen, der Beschränkungen des Eigenthums und der anderen eingetragenen Rechte sowie der Beschränkungen der Berechtigten in der Verfügung über ihre Rechte.

Dieselben werden auf Grund der von dem Ministerium zu erlassenden Anweisungen und nach Formularen, welche von diesem festgestellt werden, angelegt und geführt.

§ 3. Für Grundstücke, welche zum öffentlichen Eigenthum gehören oder im Privateigenthum des Reichs oder des Landes sich befinden, bedarf es der Eintragung nur im Fall der Veräußerung oder Belastung, oder wenn von dem Eigenthümer oder einem Berechtigten darauf angetragen wird.

§ 4. Neben dem Grundbuch werden besondere Grundakten gehalten, zu welchen alle auf den Inhalt des Buchs bezüglichen, bei dem Grundbuchamte verbleibenden Schriftstücke genommen werden.

§ 5. Die Einsicht der Grundbücher ist dem als Inhaber von Rechten Eingetragenen sowie dem von diesem zur Einsichtnahme Ermächtigten kostenfrei gestattet.

PROJET D'UNE LOI
sur les livres fonciers.

SECTION I.
Des livres fonciers, des bureaux fonciers et de la procédure en matière de livres fonciers.

Livres fonciers.

§ **1**. Sera établi pour chaque commune un livre foncier. On y inscrira, en s'appuyant sur le cadastre, les biens-fonds situés sur le territoire (la banlieue) de la commune.

§ **2**. Les livres fonciers serviront, selon les dispositions particulières de cette loi, à prouver la propriété, les hypothèques et autres charges, les restrictions de la propriété et des autres droits inscrits, ainsi que les restrictions qui empêchent les personnes inscrites de disposer de ces droits.

Ils seront tenus conformément aux instructions du ministère et d'après les formulaires y prescrits.

§ **3**. Les biens-fonds qui font partie du domaine public et les propriétés privées de l'Empire ou du pays ne seront inscrits aux livres fonciers que dans le cas d'aliénation ou d'affectation de charges ou bien sur la demande du propriétaire ou d'une personne intéressée.

§ **4**. Outre le livre foncier seront tenus des dossiers fonciers dans lesquels on réunira tous les documents qui se rapportent au contenu du livre et qui doivent rester au bureau.

§ **5**. Peuvent prendre communication des livres fonciers sans frais les parties inscrites comme ayant des droits et les personnes que celles-ci y autorisent.

Dritten Personen ist die Einsicht gegen Entrichtung der vorgeschriebenen Gebühr zu gestatten, sofern und soweit dieselben ein rechtliches Interesse dabei haben.

Grundbuchämter.

§ 6. Die Grundbuchsachen werden von den Amtsgerichten als Grundbuchämtern bearbeitet.

Es können jedoch auch besondere Grundbuchämter für bestimmte Bezirke errichtet werden.

§ 7. Den Grundbuchämtern stehen Grundbuchrichter vor, welchen Buchführer beigegeben sind.

Bei den Amtsgerichten werden die Geschäfte der Grundbuchrichter von den Amtsrichtern, die Geschäfte der Buchführer von den Gerichtsschreibern wahrgenommen.

§ 8. Die Grundbuchrichter bei den besonderen Grundbuchämtern werden vom Kaiser ernannt.

Dieselben müssen die Fähigkeit zum Amt eines Richters oder Notars besitzen. Ihre Ueberweisung an die Grundbuchämter erfolgt durch das Ministerium.

Zu Grundbuchrichtern können auch die Hypothekenbewahrer ernannt werden.

§ 9. Das Recht der Aufsicht über die Grundbuchämter, die Geschäftsvertheilung und die Anordnung der erforderlichen Vertretung der Beamten stehen der Justizverwaltung zu.

Beschwerden, welche Angelegenheiten der Verwaltung, insbesondere den Geschäftsbetrieb betreffen, werden im Aufsichtswege erledigt.

§ 10. Gegen die von den Grundbuchämtern erlassenen Verfügungen steht Jedem, der dadurch in seinen Rechten verletzt ist, das Recht der Beschwerde an das Oberlandesgericht zu. Gegen dessen Entscheidung findet eine weitere Beschwerde nicht statt.

Das Oberlandesgericht ist, wie auch das Grundbuchamt, dessen Entscheidung angefochten wird, zur Abänderung einer erfolgten Einschreibung (Eintragung oder Löschung) nur insoweit befugt, als die Abänderung ohne Gefährdung der Rechte Dritter geschehen kann.

Streitigkeiten über die Zuständigkeit mehrerer Grundbuchämter werden gleichfalls vom Oberlandesgericht entschieden.

Les tiers auront la même permission contre payement d'un droit fixé, lors et en tant qu'ils ont un intérêt légitime.

Bureaux fonciers.

§ **6.** Les tribunaux cantonaux sont chargés, comme bureaux fonciers, des affaires concernant les livres fonciers.

Peuvent cependant être établis des bureaux fonciers spéciaux pour certains districts.

§ **7.** Les bureaux fonciers sont dirigés par des juges fonciers auxquels on adjoindra des secrétaires.

Auprès des tribunaux cantonaux les fonctions de juge foncier sont exercées par les juges cantonaux, les fonctions de secrétaire par les greffiers.

§ **8.** Les juges fonciers, auprès des bureaux fonciers spéciaux, sont nommés par l'empereur.

Ils doivent être aptes à remplir les fonctions de juge ou de notaire. Le ministère leur assigne les bureaux fonciers où ils fonctionneront.

Les conservateurs des hypothèques peuvent également être nommés juges fonciers.

§ **9.** L'administration de la justice exerce la surveillance des bureaux fonciers: elle règle la répartition des affaires et pourvoit au remplacement des fonctionnaires empêchés.

Les réclamations concernant l'administration et notamment l'expédition des affaires sont vidées par voie administrative.

§ **10.** Tous ceux qui sont lésés dans leurs droits par une décision des bureaux fonciers, auront le recours auprès du tribunal régional supérieur. La décision de ce tribunal n'est pas soumise à un nouveau recours.

Le tribunal régional supérieur, ainsi que le bureau foncier dont la décision est attaquée, ne changeront une intabulation effectuée (inscription ou radiation) qu'autant que le changement peut être fait sans porter préjudice aux droits des tiers.

Le tribunal régional supérieur statue également sur les différends qui peuvent s'élever par rapport à la compétence de plusieurs bureaux fonciers.

Die näheren Anordnungen über die Erledigung der Beschwerden sowie der im Absatz 3 bezeichneten Streitigkeiten werden durch ein Regulativ des Oberlandesgerichts getroffen, welches der Bestätigung durch das Ministerium bedarf.

§ 11. Die dem Oberlandesgericht zugewiesene Thätigkeit wird von einem Senat ausgeübt, welcher jährlich durch das Präsidium des Gerichts bezeichnet wird.

§ 12. Für jedes Versehen eines Beamten des Grundbuchamtes bei Wahrnehmung seiner Amtspflichten haftet dem Beschädigten die Landeskasse und bei grobem Versehen sammtverbindlich mit derselben der Beamte.

Wegen der Entschädigungsansprüche findet der Rechtweg statt. Die Klage verjährt in drei Jahren, nachdem der Beschädigte von dem Dasein des Schadens Kenntniß erhalten hat. Sind seit dem Zeitpunkt der Beschädigung dreißig Jahre verflossen, so ist die Klage in allen Fällen ausgeschlossen.

Verfahren in Grundbuchsachen.

§ 13. Die Grundbuchämter verfahren, mit Ausnahme der im Gesetze bestimmten Fälle, nur auf Antrag.

§ 14. Die Anträge werden bei dem Grundbuchamte mündlich angebracht oder schriftlich eingereicht.

§ 15. Mündliche Anträge auf Einschreibungen sind von dem Grundbuchrichter oder, soweit dies vom Ministerium für zulässig erklärt wird, von dem Buchführer aufzunehmen.

§ 16. Schriftliche, zu einer Einschreibung erforderliche Anträge und Urkunden müssen notariell aufgenommen oder beglaubigt sein.

Ein schriftlich eingereichter Antrag bedarf der Beglaubigung nicht, wenn die ihn rechtfertigenden Urkunden in beglaubigter Form vorliegen.

Zur Beglaubigung genügt es, wenn auf der Urschrift unter der Namensunterschrift des Ausstellers vom Notar bezeugt wird, daß vor ihm der Aussteller die Unterschrift eigenhändig vollzogen oder als die seinige anerkannt hat. Der Beiziehung von Zeugen bedarf es nur, wenn der Aussteller nach Namen, Stand oder Wohnort dem Notar nicht bekannt ist.

La procédure à suivre aux cas des recours et des différends mentionnés à l'alinéa 3, sera fixée par un règlement émané du tribunal régional supérieur et soumis à l'approbation du ministère.

§ **11**. Les fonctions attribuées au tribunal régional supérieur sont exercées par un sénat désigné tous les ans par la présidence de ce tribunal.

§ **12**. L'État est responsable à la partie lésée du dommage causé par la faute d'un employé du bureau foncier dans l'exercice de ses fonctions; en cas de faute grave de l'employé, la responsabilité est solidaire entre celui-ci et l'État.

Pour les demandes en dommages-intérêts, la voie judiciaire est admise. L'action se prescrit dans le délai de trois ans, à partir du moment où la partie lésée a eu connaissance du dommage arrivé. L'action est exclue dans tous les cas après l'expiration de trente ans, à partir du moment où le dommage a été occasionné.

Procédure en matière de livres fonciers.

§ **13**. Les bureaux fonciers n'agissent que sur demande, excepté les cas prévus par la loi.

§ **14**. Les demandes sont formées verbalement auprès du bureau foncier ou lui sont présentées par écrit.

§ **15**. Les demandes d'intabulation formées verbalement doivent être reçues par le juge foncier ou, dans les cas désignés par le ministère, par le secrétaire.

§ **16**. Les demandes par écrit et les titres nécessaires pour effectuer une intabulation doivent être passés devant notaire ou légalisés par un tel.

Il n'est pas nécessaire de faire légaliser les demandes par écrit, si les titres sur lesquels elles se basent sont présentés en forme légalisée.

Pour la légalisation, il suffit que le notaire certifie sous l'original de la signature que devant lui l'auteur a signé de sa propre main ou bien a reconnu la signature pour la sienne. L'assistance des témoins n'est nécessaire que si le nom, l'état ou le domicile de l'auteur n'est pas connu du notaire.

§ **17**. Wer als Bevollmächtigter Anträge stellt, hat sich durch notariell aufgenommene oder beglaubigte (§ 16 Absatz 3) Vollmacht auszuweisen.

Der Notar, welcher mit der Abgabe oder Einreichung von Erklärungen beim Grundbuchamte beauftragt wird, kann diesen Auftrag selbst beurkunden oder die über den letzteren errichtete Urkunde beglaubigen.

Derselbe bedarf zur Stellung von Anträgen eines Nachweises über den erhaltenen Auftrag nicht, wenn die von ihm aufgenommene oder beglaubigte und eingereichte Urkunde die Bewilligung oder den Antrag der Betheiligten auf Einschreibung enthält.

§ **18**. Die Anträge und die Urkunden sind vom Grundbuchrichter oder Buchführer genau mit dem Zeitpunkt des Eingangs zu bezeichnen.

Aus mehreren Einschreibungsanträgen für dasselbe Grundstück erfolgt die Einschreibung in der durch den Zeitpunkt des Eingangs der Anträge bestimmten Reihenfolge und aus gleichzeitig eingehenden Anträgen, vorbehaltlich der Vorschrift in § 25 Absatz 2, zu gleichem Recht, wenn nicht in denselben eine andere Reihenfolge bestimmt ist.

Der Eingang (Abs. 1) gilt in dem Zeitpunkt als erfolgt, in welchem das Schriftstück dem mit den Geschäften des Grundbuchrichters oder Buchführers für das betreffende Grundstück beauftragten Beamten vorgelegt wird.

§ **19**. Der Grundbuchrichter ist verpflichtet, die Rechtsgültigkeit der bei dem Grundbuchamt mündlich angebrachten oder schriftlich eingereichten, auf eine Einschreibung gerichteten Erklärungen nach Form und Inhalt zu prüfen. Mängel des Rechtsgeschäfts, welches der vollzogenen Erklärung oder Bewilligung zu Grunde liegt, berechtigen nicht, die beantragte Einschreibung zu beanstanden.

Ergiebt die Prüfung für die beantragte Einschreibung ein Hinderniß, so hat der Grundbuchrichter dasselbe dem Antragsteller bekannt zu machen.

Erfolgt die Abweisung des Antrags ganz oder theilweise, so ist darüber von Amtswegen ein Vermerk in das Grundbuch einzuschreiben. Durch den Vermerk werden für den Antragsteller die Rechte gewahrt, welche mit dem Zeitpunkte des Eingangs des Antrags nach § 18 Absatz 2 begründet sind. Der Vermerk

§ **17**. Celui qui fait une demande comme mandataire doit se légitimer par une procuration, soit notariée, soit légalisée par un notaire (§ 16, al. 3).

Il est loisible au notaire de dresser ou de légaliser des actes contenant pour lui-même procuration de présenter au bureau foncier des déclarations verbales ou écrites.

Pour faire des demandes, le notaire n'a besoin de procuration s'il a dressé ou légalisé le titre qu'il présente et si, dans ce titre, l'intabulation est consentie ou demandée.

§ **18**. Sur les demandes et les titres, le juge foncier ou le secrétaire doit marquer exactement le moment de leur présentation.

Si plusieurs demandes d'intabulation concernent le même bien-fonds, l'intabulation se fait dans l'ordre déterminé par le moment de la présentation des demandes; si elles sont présentées en même temps et ne contiennent pas désignation d'un rang différent, on leur donne le même rang, sauf la prescription du § 25, alinéa 2.

La pièce est considérée comme présentée (alinéa 1) au moment où elle est soumise au juge foncier ou au secrétaire chargés de l'intabulation pour le bien-fonds en question.

§ **19**. Le juge foncier doit vérifier si les déclarations à fin d'intabulation qu'on lui présente verbalement ou par écrit sont légales d'après leur forme et leur contenu.

Les défauts du titre sur lequel se base la déclaration n'autorisent pas à refuser l'intabulation requise.

Quand de cette vérification il résulte un empêchement pour l'intabulation demandée, le juge est tenu d'en donner connaissance au requérant.

Si la demande est rejetée en tout ou en partie, mention en est inscrite d'office au livre foncier. Cette mention réserve au demandeur les droits résultant selon le § 18, alinéa 2, de la présentation de la demande. Elle est rayée

wird von Amtswegen gelöscht, wenn nicht innerhalb der Frist von 14 Tagen von der Zustellung der abweisenden Verfügung ab die Einlegung der Beschwerde (§ 10) dem Grundbuchamte vom Antragsteller dargethan, oder wenn die erhobene Beschwerde zurückgewiesen ist.

Zweiter Abschnitt.

Eigenthum an Grundstücken.

Auflassung.

§ **20**. Im Falle einer freiwilligen Veräußerung wird das Eigenthum an einem Grundstück nur durch die auf Grund einer Auflassung erfolgte Eintragung des Eigenthumsübergangs im Grundbuch erworben.

§ **21**. Die Auflassung erfolgt durch die Erklärungen des eingetragenen Eigenthümers, daß er die Eintragung des Erwerbers bewillige, sowie des Letzteren, daß er die Eintragung beantrage, und durch die Entgegennahme dieser Erklärungen Seitens des zuständigen Grundbuchamts.

§ **22**. Die Erklärungen sind in der Urkunde über den Veräußerungsvertrag abzugeben und vom Notar mittels Vorlage der Urkunde oder eines auf die Erklärungen beschränkten Auszugs dem Grundbuchamt ungesäumt einzureichen.

Die Entgegennahme Seitens des Grundbuchamts wird durch einen auf das eingereichte Schriftstück zu setzenden Vermerk bewirkt.

Unterläßt der Notar die Einreichung in schuldhafter Weise über drei Tage, so tritt eine Disziplinarstrafe bis zu 500 ℳ ein.

§ **23**. Eine bedingte oder betagte Auflassung ist unzulässig. Der Veräußerer kann jedoch seine Erklärung von der sofortigen Bewilligung der Eintragung des ihm bei der Veräußerung eingeräumten hypothekarischen (§ 59) oder sonstigen dinglichen Rechts abhängig machen.

Die Veräußerung des Antheils eines Miteigenthümers an einem Grundstück oder des Antheils an einer ein Grundstück umfassenden Gemeinschaft richtet sich in Form und Wirkung nach dem geltenden Recht, soweit nicht dieses Gesetz besondere Bestimmungen trifft (§ 36 Absatz 2, § 37 Absatz 3).

d'office si, dans le délai de quinze jours depuis la signification de l'ordonnance portant rejet, le demandeur ne justifie au bureau foncier qu'il a formé recours (§ 10). Il en est de même si le recours n'a pas eu de succès.

SECTION II.

De la propriété des biens-fonds.

Dessaisine.

§ **20**. En cas d'aliénation volontaire, la propriété de l'immeuble ne s'acquiert que par l'inscription de la transmission de propriété dans le livre foncier. L'inscription est faite en vertu de la dessaisine.

§ **21**. La dessaisine s'opère par les déclarations du propriétaire inscrit qu'il consent à l'inscription de l'acquéreur et du dernier qu'il demande l'inscription et par la réception de ces déclarations de la part du bureau foncier compétent.

§ **22**. Les déclarations seront faites dans l'acte d'aliénation. Le notaire les adressera immédiatement au bureau foncier en produisant l'acte ou un extrait contenant les déclarations.

La réception se fait par une mention que le bureau foncier met sur la pièce produite.

Si par faute du notaire l'envoi des déclarations est retardé au delà de trois jours, il y aura lieu à une peine disciplinaire jusqu'à 500 ℳ

§ **23**. La dessaisine ne peut se faire sous condition ou avec terme. Toutefois il peut être stipulé que le consentement du vendeur ne sera efficace que si l'acquéreur consent de suite à l'inscription de l'hypothèque (§ 59) ou d'un autre droit réel accordé au vendeur lors de l'aliénation.

L'aliénation de la part indivise d'un bien-fonds ou bien celle de la part indivise dans une communauté comprenant un bien-fonds reste soumise, quant à la forme et aux effets, aux lois en vigueur, à moins que la loi présente ne contienne des dispositions spéciales réglant la matière (§ 36, al. 2, § 37, al. 3).

§. **24**. Im Falle der Verurtheilung des eingetragenen Eigenthümers oder des Erwerbers zur Abgabe der von ihm zu bewirkenden Auflassungserklärung erfolgt die Eintragung, sofern der Gegner des Verurtheilten, auf Grund des erforderlichen Nachweises der Verurtheilung (§ 88), dieselbe vor dem Grundbuchamte beantragt.

Bei Pfändung eines Anspruchs, welcher die Auflassung eines Grundstücks zum Gegenstand hat, ist anzuordnen, daß die Bewilligung zur Eintragung des Schuldners als Eigenthümer nur an den nach § 747 der Civilprozeßordnung zu bestellenden Sequester als Vertreter des Schuldners abgegeben werde. Der Sequester ist zu ermächtigen und anzuweisen, daß er an Stelle des Schuldners dessen Eintragung als Eigenthümer beantrage.

§ **25**. Der Grundbuchrichter darf die Auflassungserklärung erst entgegennehmen, wenn er nach Prüfung der Sache dafür hält, daß der sofortigen Eintragung des Eigenthums ein Hinderniß nicht entgegensteht.

Gehen mehrere, dasselbe Grundstück betreffende Erklärungen gleichzeitig ein, so sind dieselben zurückzuweisen.

Die Eintragung des Eigenthumsübergangs muß sich unmittelbar an die Auflassung anschließen.

Anderweitiger Erwerb des Eigenthums.

§ **26**. Außerhalb der Fälle einer freiwilligen Veräußerung wird Grundeigenthum nach dem geltenden Recht erworben. Das Recht der Auflassung und Belastung des Grundstücks erlangt aber der Erwerber erst durch seine Eintragung im Grundbuch.

Miterben und sonstige allgemeine Rechtsnachfolger auf Todesfall sowie der mit denselben in Rechtsgemeinschaft stehende Ehegatte des Erblassers können jedoch ein ihnen gemeinschaftliches Grundstück auflassen, auch wenn sie nicht als Eigenthümer desselben im Grundbuch eingetragen sind.

§ **27**. Die Eintragung des Eigenthums gesetzlicher Erben an den zur Erbschaft gehörigen Grundstücken erfolgt auf Grund einer Erbbescheinigung des zuständigen Richters.

§ **24**. Si le propriétaire inscrit ou l'acquéreur a été condamné à donner sa déclaration à fin de dessaisine, l'inscription est effectuée en vertu de cette condamnation dûment prouvée (§ 88), sur la demande faite par l'adversaire de la partie condamnée devant le bureau foncier.

Lors de la saisie d'un droit qui a pour objet la dessaisine d'un bien-fonds, le juge ordonnera que le consentement à l'inscription du débiteur comme propriétaire ne pourra être donné qu'au séquestre nommé conformément au § 747 du Code de procédure civile, lequel remplacera le débiteur. Le séquestre sera autorisé et chargé par le juge de demander, à la place du débiteur, l'inscription de celui-ci comme propriétaire.

§ **25**. Le juge foncier ne doit recevoir les déclarations à fin de dessaisine, que si, vérification faite, il est d'avis qu'il n'y a pas d'empêchement à l'inscription immédiate de la propriété.

Plusieurs déclarations se rapportant au même bien-fonds qui sont présentées en même temps, sont rejetées.

L'inscription de la transmission de propriété doit suivre immédiatement la dessaisine.

Autres modes d'acquérir la propriété.

§ **26**. Hors les cas d'une aliénation volontaire, la propriété foncière s'acquiert d'après les dispositions du droit en vigueur; mais l'acquéreur doit être inscrit au livre foncier s'il veut donner déclaration de dessaisine au profit d'un nouvel acquéreur ou affecter l'immeuble acquis.

Cependant les cohéritiers et les autres successeurs universels à cause de mort, ainsi que l'époux survivant qui se trouve en communauté de droit avec ces personnes, n'ont pas besoin d'être inscrits au livre foncier comme copropriétaires d'un immeuble commun entre eux, pour donner déclaration de dessaisine au profit d'un nouvel acquéreur de l'immeuble.

§ **27**. L'inscription des héritiers légitimes, comme propriétaires des biens-fonds faisant partie de la succession, a lieu en vertu d'un certificat de qualité d'héritier délivré par le juge compétent.

§ **28**. Natürliche Kinder haben, falls sie neben gesetzlichen Erben zur Nachfolge in einen Nachlaß berufen sind, die Bewilligung der Letzteren, falls sie allein berufen sind, die gerichtliche Einweisung in den Besitz des Nachlasses nachzuweisen.

Letzteres gilt auch von den übrigen außerordentlichen Erbfolgern [Code civil Artt. 765, 766 Schlußsatz, Artt. 767, 768, Gesetz vom 15. Pluv. XIII (Bull. des lois, Serie IV, Nr. 526, Art. 8)].

§ **29**. Erbvermächtnißnehmer (Universallegatare) haben zur Eintragung die Bewilligung der Vorbehaltserben oder, wenn solche fehlen, die gerichtliche Einweisung in den Besitz des Nachlasses nachzuweisen. Ist das Testament ein öffentliches, so genügt die Bescheinigung, daß Vorbehaltserben nicht vorhanden sind.

Die sonstigen Vermächtnißnehmer müssen die Bewilligung der gesetzlichen Erben, beziehungsweise der Erbvermächtnißnehmer (Code civil Art. 1011) zur Eintragung ihres Eigenthums oder die Bescheinigung des zuständigen Richters, daß Erben nicht vorhanden sind, beibringen.

§ **30**. Die Vorschriften des § 29 finden entsprechende Anwendung auf die Eintragung des überlebenden Ehegatten, bezw. der Kinder eines Ehegatten, welche auf Grund des ehelichen Güterrechts oder einer Schenkung im Ehevertrag oder unter Ehegatten (Code civil Artt. 1082, 1084, 1086, 1096) zum Eigenthum oder Miteigenthum an Nachlaßgrundstücken berufen sind, sowie auf die Eintragung des Eigenthumserwerbs in Folge eines gesetzlichen Rückfallsrechts.

Betrifft die Schenkung zu Gunsten des Ehegatten den ganzen Nachlaß, so genügt, wenn Vorbehaltserben nicht vorhanden sind, die Beibringung einer Bescheinigung hierüber.

§ **31**. Der gemäß des Artikels 129 des Code civil in den Besitz des Vermögens eines Abwesenden endgültig Eingewiesene ist berechtigt, auf Grund der Einweisung seine Eintragung als Eigenthümer zu verlangen.

§ **32**. Bei dem Namen des als Eigenthümer eingetragenen Ehegatten ist auf seinen oder des andern Ehegatten Antrag der

§ **28**. Les enfants naturels qui sont appelés à participer à une succession en même temps que des héritiers légitimes, ont besoin du consentement de ces derniers à l'inscription ; s'ils sont appelés seuls, ils doivent justifier de leur envoi en possession de la succession par le tribunal.

Les autres successeurs irréguliers (Code civil, art. 765, 766 phrase finale, art. 767. 768, loi du 15 pluviôse XIII, *Bull. des lois*, sér. IV, nº 526, art. 8) doivent également justifier de cet envoi en possession.

§ **29**. Pour obtenir l'inscription, les légataires universels ont besoin du consentement des héritiers à réserve ; s'il n'y en a pas, ils justifieront de leur envoi en possession de la succession par le tribunal. Si le testament est public, il suffit de produire un certificat constatant qu'il n'existe pas d'héritiers à réserve.

Les autres légataires doivent produire le consentement des héritiers légitimes et, le cas échéant, des légataires universels (Code civil, art. 1011) à l'inscription de la propriété, ou un certificat du juge compétent constatant qu'il n'y a pas d'héritiers.

§ **30**. Les dispositions du § 29 trouvent une application analogue à l'inscription du conjoint survivant ou des enfants d'un conjoint si ces personnes sont appelées comme propriétaires ou copropriétaires à la possession d'un bien-fonds d'une succession en vertu des droits respectifs des époux établis par la loi ou bien en vertu d'une donation par contrat de mariage ou entre époux (Code civil, art. 1082, 1084, 1086, 1096). Les dispositions du § 29 sont également applicables à l'inscription d'une propriété immobilière acquise par suite d'un droit de retour légal.

Lorsque la donation en faveur d'un conjoint comprend tous les biens que le donateur laissera à son décès, il suffit de produire un certificat qu'il n'existe pas d'héritiers à réserve.

§ **31**. Celui qui aux termes de l'art. 129 du Code civil aura obtenu l'envoi en possession définitif des biens d'un absent a le droit de demander, en vertu de cet envoi, son inscription comme propriétaire.

§ **32**. A côté du nom de l'époux inscrit comme propriétaire on inscrira sur la demande de celui-ci ou sur celle de

Name des Letzteren sowie der Zeitpunkt der Verheirathung zu vermerken.

§ 33. Der Eigenthümer kann zur Eintragung seines Eigenthums angehalten werden:

1. wenn eine zuständige Behörde darum nachsucht;
2. wenn ein dinglich berechtigter oder
3. ein zu einer Eintragung Berechtigter dieselbe beantragt.

Als zuständig (Nr. 1) gilt die Behörde, welche die Eintragung einer Hypothek herbeizuführen berechtigt ist.

Unter Mittheilung des Ersuchens oder des Antrags richtet das Grundbuchamt an den Eigenthümer die Aufforderung, binnen einer bestimmten Frist die Eintragung zu beantragen oder Widerspruch zu erheben. Wird Widerspruch nicht erhoben oder der erhobene Widerspruch vom Grundbuchrichter für unbegründet befunden, so verfügt dieser die Eintragung des Eigenthümers und vollzieht die letztere. Die Anfechtung der Eintragung im Rechtswege bleibt vorbehalten.

§ 34. Geht ein Grundstück oder ein Theil eines solchen unbelastet auf einen Eigenthümer über, dessen Grundbesitz im Grundbuche nicht verzeichnet zu werden braucht, so ist auf Antrag des Erwerbers im Grundbuche die Abschreibung mit Angabe des Sachverhältnisses zu vermerken. Dieser Vermerk hat die Wirkung der Eintragung des Eigenthumsübergangs.

§ 35. Das Recht des eingetragenen Eigenthümers ist der Verjährung — Code civil Artt. 2262, 2265 — entzogen.

Hinsichtlich der Grenzen der Grundstücke ist eine Berufung auf Verjährung zulässig, soweit dies nicht durch besondere Vorschriften ausgeschlossen ist.

Vormerkung.

§ 36. Zur Erhaltung des Rechts auf Auflassung oder auf Eintragung des Eigenthumsübergangs kann eine Vormerkung auf Grund Entscheidung des zuständigen Gerichts (§ 90) oder mit Bewilligung des eingetragenen Eigenthümers eingetragen und nur auf Grund solcher Entscheidung oder auf Bewilligung Desjenigen, für welchen die Vormerkung erfolgte, gelöscht werden.

son conjoint le nom du dernier ainsi que l'époque où le mariage a eu lieu.

§ **33**. Le propriétaire d'un immeuble peut être contraint à l'inscription de son droit de propriété :

1° si elle est requise par une autorité compétente;

2° si elle est demandée par une personne qui a un droit réel sur l'immeuble, ou

3° par une personne qui a le droit éventuel de faire opérer une inscription sur l'immeuble.

Est compétente aux termes du n° 1 l'autorité qui a le droit de provoquer l'inscription d'une hypothèque.

Le bureau foncier communique la réquisition ou demande au propriétaire en fixant un délai dans lequel il devra ou demander l'inscription exigée ou former opposition à la demande communiquée. Si le propriétaire n'obéit pas à cette sommation ou si l'opposition élevée par lui ne paraît pas fondée, le juge foncier ordonne l'inscription du propriétaire et l'effectue de suite. L'inscription pourra toutefois être attaquée par voie judiciaire.

§ **34**. Si un bien-fonds qui n'est pas grevé de charges est transféré en tout ou en partie à un propriétaire dispensé de l'inscription au livre foncier, le juge, sur demande de l'acquéreur, fait mention de la transmission sur la feuille du livre où l'immeuble transféré est inscrit en la déchargeant de cet immeuble. Cette mention a le même effet que l'inscription de la transmission de la propriété.

§ **35**. Le droit du propriétaire inscrit n'est pas soumis à la prescription (Code civil, art. 2262 et 2265).

Néanmoins on peut invoquer la prescription, quant aux limites des biens-fonds, à moins que des dispositions spéciales ne s'y opposent.

Prénotation.

§ **36**. Pour la conservation du droit à la dessaisine ou à l'inscription de la transmission de la propriété une prénotation peut être inscrite au livre foncier. L'inscription ne se fait qu'en vertu d'une décision du tribunal compétent (§ 90) ou du consentement du propriétaire inscrit. De même la radiation de cette prénotation n'a lieu qu'en vertu d'une décision du tribunal ou du consentement de celui au profit duquel la prénotation a été inscrite.

Eine Vormerkung ist auch zu Erhaltung des Rechts des Erwerbers im Falle der Veräußerung eines Antheils (§ 23 Absatz 2) zulässig, sobald der Erwerber gegen die Vornahme der Theilung außer seiner Gegenwart Einspruch eingelegt hat (Code civil Art. 882). Der Nachweis über den erfolgten Einspruch ist, falls die Vormerkung auf Bewilligung eingetragen werden soll, dem Grundbuchamte mitvorzulegen. Die Eintragung kann gegenüber den im § 26 Absatz 2 bezeichneten Rechtsnachfolgern schon vor deren Eintragung als Eigenthümer erfolgen.

Eintragungen, welche zum Nachtheil des vorgemerkten Rechts bewirkt werden, sind gegenüber dem Berechtigten unwirksam.

Theilung.

§ **37**. Die Eintragung des Alleineigenthums eines Theilungsgenossen an dem bisher gemeinschaftlichen Grundstück erfolgt auf Grund eines Auszugs aus der Urkunde über die Theilung oder Theilungsversteigerung.

Der Auszug hat die Bezeichnung der Theilungsgenossen und ihrer Vertreter oder Bevollmächtigten sowie Abschrift desjenigen Theiles der Urkunde zu enthalten, aus welchem sich die Uebereignung des Grundstücks an den einzelnen Theilungsgenossen ergiebt.

Die Eintragung ist nur zulässig, wenn die Theilungsgenossen als Eigenthümer eingetragen oder zur Auflassung ohne Eintragung befugt sind. Die Eintragung Desjenigen, welcher das Recht eines Theilungsgenossen erworben hat, wird durch die Vormerkung (§ 36 Absatz 2) ersetzt.

Anfechtung und Rückgängigmachung der Eigenthumsveränderung.

§ **38**. Die Eintragung des Eigenthums und deren Folgen können nach den Vorschriften des bürgerlichen Rechts angefochten werden.

Die Anfechtung ist auch auf Grund des Rechtsgeschäfts, in dessen Veranlassung die Eintragung erfolgt ist, statthaft und selbst dann erforderlich, wenn die Eintragung oder das Rechtsgeschäft als rechtlich nicht bestehend anzusehen ist.

Es bleiben jedoch die in der Zwischenzeit von dritten Personen

Une prénotation peut également être inscrite en cas d'aliénation d'une part indivise (§ 23, al. 2), pour la conservation du droit de l'acquéreur, mais du moment seulement où l'acquéreur a formé opposition à ce que l'on procède au partage hors de sa présence (Code civil, art. 882). Si la prénotation doit être inscrite en vertu d'un consentement, on justifiera devant le bureau foncier de l'opposition faite, L'inscription de la prénotation peut être faite contre les successeurs désignés au § 26, al. 2, quand même ceux-ci ne sont pas encore inscrits comme propriétaires.

Les inscriptions obtenues au préjudice du droit prénoté sont sans effet contre celui qui a fait inscrire la prénotation.

Partage.

§ **37**. L'inscription d'un copartageant comme propriétaire exclusif d'un bien-fonds qui jusqu'alors faisait partie de la communauté est effectuée sur production d'un extrait de l'acte de partage ou de licitation.

L'extrait doit contenir la désignation des copartageants et de leurs représentants ou mandataires ainsi qu'une copie des parties de l'acte, selon lesquelles la propriété est attribuée à celui qui demande l'inscription.

L'inscription n'est permise que si les copartageants sont inscrits comme copropriétaires ou s'ils sont autorisés à aliéner par dessaisine sans être inscrits. La prénotation (§ 36, al. 2) vaut inscription au profit d'une personne qui a acquis la part d'un copartageant.

Rescision.

§ **38**. L'inscription du droit de propriété et les actes ultérieurs auxquels cette inscription a donné lieu peuvent être attaqués d'après les dispositions du droit civil.

On peut aussi attaquer l'inscription par des motifs tirés du contrat qui y a donné lieu. Quand même selon les principes du droit l'inscription ou le contrat sont considérés comme non existants, l'inscription doit toutefois être attaquée en justice.

Restent cependant en vigueur les droits que dans l'intervalle les tiers auront acquis en se fiant à l'exactitude du livre foncier.

im redlichen Glauben an die Richtigkeit des Grundbuchs erworbenen Rechte in Kraft.

Gegen diesen Nachtheil kann sich der Anfechtungskläger durch die auf Grund Entscheidung des zuständigen Gerichts (§ 90) zu bewirkende Eintragung einer Vormerkung sichern.

Beschränkungen.

§ **39**. Die gesetzlichen Beschränkungen des Eigenthumsrechts durch Ansprüche auf Rückgängigmachung des letzteren sowie die entsprechenden, auf Rechtsgeschäft (Vertrag oder letztwilliger Verfügung) beruhenden Beschränkungen, insbesondere der Vorbehalt des Widerrufs, die Last der Herausgabe (Code civil Artt. 1048, 1049) und bedingte oder betagte Eigenthumsansprüche, begründen nur ein Recht auf Auflassung.

Dieses Recht wird bei der gesetzlichen Beschränkung durch Vormerkung in Gemäßheit des § 36, bei der Beschränkung kraft Rechtsgeschäfts mit gleicher Wirkung durch Eintragung der Beschränkung erhalten.

Die Vormerkung ist nur wirksam, sofern dieselbe nach Eintritt der Voraussetzungen zur klageweisen Geltendmachung der Beschränkung eingetragen ist. Im Falle der Vormerkung auf Grund des gesetzlichen Rechts auf Auflösung oder Widerruf wegen Nichterfüllung der Verbindlichkeiten des Erwerbers ist der Betrag der rückständigen Leistung in Geld, nöthigenfalls schätzungsweise, anzugeben.

Die Eintragung der auf Rechtsgeschäft beruhenden Beschränkung erfolgt auf Grund der Bewilligung oder auf den Antrag des eingetragenen Eigenthümers.

§ **40**. Die gesetzlichen Beschränkungen des Eigenthümers in der Verfügung über das Grundstück begründen ein Recht auf Anfechtung der der Beschränkung zuwider bewilligten und eingetragenen Rechte, in Gemäßheit des § 38.

§ **41**. Die Beschränkungen des Eigenthümers in der Verfügung über das Grundstück in Folge gerichtlicher Anordnungen können Dritten nur entgegengehalten werden, wenn diese die Anordnungen gekannt haben oder letztere im Grundbuch eingetragen sind.

Die Eintragung und die Löschung erfolgen nach Maßgabe der §§ 89, 91, 92 dieses Gesetzes sowie der anderweitigen besonderen Vorschriften.

Celui qui attaque l'inscription en justice peut se garantir contre le préjudice de l'al. 3 en faisant inscrire une prénotation en vertu d'une décision du tribunal compétent (§ 90).

Restrictions.

§ **39**. Les restrictions résultant d'un droit à la rescision de la propriété, soit qu'elles se basent sur la loi, soit qu'elles sont créées par un contrat ou par une disposition testamentaire, notamment la réserve du droit de révocation, la charge de vendre (Code civil, art. 1048 et 1049) et les droits de propriété établis sous condition ou avec terme, ne constituent qu'un droit à la dessaisine.

Ce droit est conservé en cas de restriction légale par une prénotation conformément au § 36 et en cas de restriction conventionnelle ou testamentaire par une inscription qui aura le même effet.

Pour être valable, la prénotation doit être inscrite après la réalisation des conditions desquelles dépend l'action rescisoire. Dans les cas de prénotation en vertu du droit légal de résolution ou de révocation pour cause d'inexécution des obligations de l'acquéreur, il faut désigner le montant en argent de la prestation arriérée qui au besoin sera évaluée.

L'inscription de la restriction conventionnelle ou testamentaire se fait sur présentation du consentement ou sur la demande du propriétaire inscrit.

§ **40**. Les restrictions légales qui empêchent le propriétaire de disposer de son bien-fonds constituent le droit d'attaquer, conformément au § 38, les droits qui contrairement à la restriction ont été consentis et inscrits.

§ **41**. Les restrictions imposées au propriétaire par décision judiciaire, qui l'empêchent de disposer de son bien-fonds, ne peuvent être opposées aux tiers, à moins que la décision n'ait été connue aux tiers ou inscrite au livre foncier.

L'inscription et la radiation se font conformément aux §§ 89, 91 et 92 de cette loi, et d'après les dispositions légales qui règlent les cas spéciaux.

Dritter Abschnitt.

Dienstbarkeiten.

Erwerb und Aufhebung.

§ **42**. Der Erwerb und die Aufhebung der Dienstbarkeiten bestimmt sich nach dem geltenden Recht.

§ **43**. Die Dienstbarkeiten können im Grundbuch eingetragen werden.

Persönliche Dienstbarkeiten erlangen gegen Dritte nur durch Eintragung Wirksamkeit.

§ **44**. Eingetragene Dienstbarkeiten sind dem Untergang durch Nichtgebrauch entzogen.

Die Aufhebung einer eingetragenen und nicht gelöschten persönlichen Dienstbarkeit kann Dritten nur entgegengesetzt werden, wenn sie diesen bekannt war.

§ **45**. Den persönlichen Dienstbarkeiten stehen im Sinne dieses Abschnitts die emphyteutischen und superficiarischen Rechte, das Recht des antichretischen Gläubigers sowie Pacht- und Miethrechte, deren Dauer achtzehn Jahre übersteigt, gleich.

§ **46**. Die Eintragung der vorbezeichneten Rechte (§§ 42, 45) erfolgt auf Grund der Bewilligung oder auf den Antrag des eingetragenen Eigenthümers, die Löschung auf Grund der Bewilligung oder auf den Antrag des Berechtigten.

Die Eintragung auf den Antheil eines Miteigenthümers ist ausgeschlossen.

Eine Bewilligung zur Eintragung, welche vor dem Eigenthumserwerb des Bewilligenden erklärt ist, wird durch die Eintragung des Letzteren als Eigenthümer wirksam.

Zum Zwecke der Eintragung sollen die Betheiligten, abgesehen von dem auf Gesetz beruhenden Nießbrauch, den Inhalt des Rechts in einer dem Grundbuchamte zu übergebenden Urkunde festsetzen; auf dieselbe ist in der Eintragung Bezug zu nehmen.

Rechte, deren Dauer vom Leben des Berechtigten abhängt oder zeitlich beschränkt ist, werden auf Antrag des Eigenthümers gelöscht, wenn der Tod des Berechtigten nachgewiesen oder der Zeitpunkt, mit welchem das Recht aufhören soll, eingetreten ist. Besteht jedoch die Möglichkeit von Rückständen, so kann die

SECTION III.

Des servitudes.

Acquisition, extinction.

§ **42**. L'acquisition et l'extinction des servitudes se règlent d'après les lois en vigueur.

§ **43**. Les servitudes peuvent être inscrites au livre foncier.

Les servitudes personnelles ne deviennent efficaces contre les tiers que par l'inscription.

§ **44**. Les servitudes inscrites ne sont pas soumises à l'extinction par non-usage.

L'extinction d'une servitude personnelle inscrite et non rayée ne peut être opposée aux tiers à moins qu'ils n'en aient eu connaissance.

§ **45**. Les dispositions de cette section relatives aux servitudes personnelles sont applicables aux droits emphytéotiques et superficiaires, à ceux du créancier à antichrèse ainsi qu'aux droits de bail à ferme et à loyer dont la durée excède dix-huit années.

§ **46**. L'inscription des droits susnommés (§§ 42 et 45) s'opère sur présentation du consentement ou sur la demande du propriétaire inscrit, la radiation sur présentation du consentement ou sur la demande de celui au profit duquel l'inscription est prise.

L'inscription ne peut être prise sur la part indivise d'un copropriétaire.

Le consentement à l'inscription donné avant que le consentant ait acquis la propriété devient efficace par l'inscription du consentant comme propriétaire.

A l'exception de l'usufruit légal, les parties doivent, pour obtenir l'inscription, remettre au bureau foncier un titre dans lequel est déterminé le contenu du droit; ce titre doit être relaté dans l'inscription.

Les droits dont la durée dépend de la vie de celui auquel ils compètent ou qui sont limités à une époque déterminée, sont rayés sur la demande du propriétaire, après constatation de la mort ou l'arrivée du terme, lesquels font cesser le droit. Néanmoins, dans les cas où des arriérés puissent

Löschung erst nach Ablauf eines Jahres erfolgen, sofern bis dahin eine Vormerkung zur Erhaltung des Rechts nicht eingetragen ist.

Vormerkung.

§ **47**. Eine Vormerkung zur Erhaltung des Rechts auf Eintragung eines den Vorschriften dieses Abschnitts unterliegenden Rechts kann nach Vorschrift des § 36 Absatz 1 eingetragen und gelöscht werden.

Durch die Vormerkung wird für die endgültige Eintragung die Stelle in der Reihenfolge der Eintragungen gesichert.

Rangordnung.

§ **48**. Die Rangordnung der auf demselben Grundstück eingetragenen Rechte bestimmt sich nach der Reihenfolge der Eintragungen.

Sollen mehrere Eintragungen in gleichem Range stehen, so ist dies zu vermerken.

Abtretung und Verpfändung.

§ **49**. Die Abtretung und die Verpfändung eines eingetragenen Rechts können Dritten nur entgegengesetzt werden, wenn die bezeichneten Rechtshandlungen denselben bekannt oder im Grundbuch eingetragen gewesen sind.

Die Eintragung erfolgt auf Grund der Bewilligung oder auf den Antrag des eingetragenen Berechtigten, die Löschung der Eintragung auf Grund der Bewilligung oder auf den Antrag des eingetragenen Erwerbers oder Pfandgläubigers.

Der Nießbrauch sowie die im § 45 bezeichneten Rechte gelten hinsichtlich der Verpfändung und Pfändung als Gegenstände des beweglichen Vermögens. Die Pfändung eines solchen im Grundbuch eingetragenen Rechts ersetzt die Bewilligung des Berechtigten zur Eintragung des Pfandrechts; die Eintragung erfolgt auf den Antrag des Gläubigers.

Wiederherstellung einer Eintragung.

§ **50**. Eine aus Versehen des Grundbuchamts gelöschte oder bei Ab- und Umschreibungen nicht übertragene Eintragung eines den Vorschriften dieses Abschnitts unterliegenden Rechts ist auf Verlangen des Berechtigten oder von Amtswegen mit ihrem früheren Range wiederherzustellen. Diese Wiedereintra-

exister, la radiation se fait après l'expiration ultérieure d'une année et seulement si pendant ce laps de temps une prénotation à conservation du droit n'a pas été inscrite.

Prénotation.

§ **47.** Le droit à l'inscription d'un droit soumis aux prescriptions de la présente section peut être conservé par une prénotation qui sera inscrite et rayée conformément au § 36, al. 1.

La prénotation fixera le rang de l'inscription définitive dans l'ordre des inscriptions.

Rang.

§ **48**. Le rang des droits inscrits sur le même bien-fonds se détermine par l'ordre des inscriptions.

Si plusieurs inscriptions doivent avoir le même rang, il faut le mentionner.

Cession et nantissement.

§ **49**. La cession et le nantissement d'un droit inscrit ne peuvent être opposés à des tiers que si ces actes leur étaient connus ou s'ils étaient inscrits au livre foncier.

L'inscription en est effectuée en vertu du consentement ou sur la demande du cédant inscrit ou du débiteur inscrit qui a donné le droit en gage; la radiation se fait en vertu du consentement ou sur la demande de l'acquéreur ou du créancier gagiste inscrit.

Par rapport au nantissement et à la saisie, l'usufruit ainsi que les droits indiqués au § 45 sont considérés comme biens meubles. En cas de saisie d'un pareil droit inscrit au livre foncier, l'acte de saisie remplace le consentement du débiteur saisi à l'inscription du droit de gage; l'inscription se fait sur la demande du créancier.

Rétablissement d'une inscription.

§ **50**. L'inscription d'un droit soumis aux prescriptions de la présente section qui, par suite d'une erreur du bureau foncier, aura été rayée ou n'aura pas été transférée à l'occasion de la décharge d'une feuille ou à l'occasion d'un transport, doit être rétablie avec son rang primitif, soit d'office, soit sur la demande de celui auquel le droit compète.

gung wirkt jedoch nicht zum Nachtheil derjenigen, die in der Zwischenzeit Rechte an dem Grundstück oder ein dem gelöschten gleich- oder nachstehendes Recht im redlichen Glauben erworben haben.

Vierter Abschnitt.

Das Recht der Hypothek.

Begründung der Hypothek.

§ **51**. Ein Recht auf vorzugsweise Befriedigung aus Grundstücken wird, vorbehaltlich der Bestimmungen über die Zwangsvollstreckung, nur durch die Hypothek begründet.

§ **52**. Die Hypothek entsteht durch die Eintragung im Grundbuch.

Die Eintragung erfolgt:

1. auf Grund der in einer notariellen Urkunde erklärten Bewilligung des eingetragenen Eigenthümers;
2. auf das gegen den eingetragenen Eigenthümer gerichtete Ersuchen der zuständigen Behörde.

Ist die Urkunde, in welcher die Bewilligung erklärt ist, nicht zugleich die Schuldurkunde, so ist die letztere, mit jener verbunden, vorzulegen. Bei Schuldurkunden, welche zugleich einen anderen Inhalt haben, genügt ein auf die Schuld bezüglicher Auszug.

Eine Bewilligung, welche vor dem Eigenthumserwerb des Bewilligenden erklärt ist, wird durch die Eintragung des Letzteren als Eigenthümer wirksam.

§ **53**. Die Eintragungsbewilligung muß auf den Namen eines bestimmten Gläubigers lauten, das verpfändete Grundstück bezeichnen und eine bestimmte Summe in gesetzlicher Währung, den Zinssatz oder die Bemerkung der Zinslosigkeit, den Anfangstag der Verzinsung und die Bedingungen der Rückzahlung angeben.

Die Verpfändungserklärung gilt als Eintragungsbewilligung.

§ **54**. Außer dem Falle der Sicherheitshypothek (§ 58) wird auf Grund der Eintragung der Hypothek ein Hypothekenbrief gebildet, welcher in Verbindung mit der Eintragungsbewilligung den Eintragungsvermerk und die für die Sicherheit der Hypothek erheblichen Nachrichten aus dem Grundbuch enthält.

Le rétablissement ne peut porter préjudice aux tiers qui dans l'intervalle ont acquis de bonne foi des droits sur le bien-fonds, ou bien un droit égal ou postérieur en rang au droit rayé.

SECTION IV.

Le droit d'hypothèque

Constitution de l'hypothèque.

§ **51**. L'hypothèque seule confère le droit d'être payé par préférence sur les biens-fonds, sauf les dispositions concernant l'exécution forcée.

§ **52**. L'hypothèque est constituée par l'inscription au livre foncier.

L'inscription est effectuée :

1° en vertu du consentement donné par le propriétaire inscrit dans un acte notarié;

2° sur la réquisition faite par l'autorité compétente contre le propriétaire inscrit.

Lorsque l'acte qui renferme le consentement n'est pas le titre de l'obligation, ce dernier sera joint à l'acte de consentement; si l'obligation comprend d'autres objets, un extrait relatif à la dette peut suffire.

Le consentement donné avant que le consentant ait acquis la propriété devient efficace par l'inscription du consentant comme propriétaire.

§ **53**. Le consentement à l'inscription sera donné au profit d'un créancier déterminé, il désignera le bien-fonds hypothéqué, une somme déterminée en monnaies ayant cours légal, le taux des intérêts ou la mention que la somme ne porte pas d'intérêts, le jour où les intérêts commencent à courir et les conditions du remboursement.

La constitution d'hypothèque vaut consentement à l'inscription.

§ **54**. Hors le cas de l'hypothèque de cautionnement (§ 58) on dresse, en vertu de l'inscription, une lettre hypothécaire qui contiendra jointes au consentement à l'inscription la mention de l'inscription faite et les données du livre foncier ayant rapport à la sûreté de l'hypothèque.

Ein Verzicht auf die Bildung des Hypothekenbriefs ist zulässig.

Der Hypothekenbrief wird dem Antragsteller ausgehändigt. War ursprünglich auf die Bildung des Hypothekenbriefs verzichtet, so darf die Aushändigung nur an den Eigenthümer erfolgen.

Sofern ein Hypothekenbrief besteht, dürfen Veränderungen jeder Art, sowie Löschungen bei der Hypothek nur unter gleichzeitigem Vermerk auf dem Hypothekenbrief eingeschrieben werden.

§ **55**. Der eingetragene Eigenthümer kann nur auf das ganze Grundstück, nicht auf Bestandtheile oder Bruchtheile desselben die Eintragung bewilligen.

Die Eintragung einer Hypothek auf den Antheil eines Miteigenthümers ist ausgeschlossen.

§ **56**. Eine Vormerkung zur Erhaltung des Rechts des Gläubigers auf Eintragung kann nach Vorschrift des § 36 Absatz 1 eingetragen und gelöscht werden.

Auch diejenigen Behörden, welche die Eintragung einer Hypothek gegen den Eigenthümer nachzusuchen gesetzlich berechtigt sind, können die Eintragung einer Vormerkung verlangen.

Durch die Vormerkung wird für die endgültige Eintragung die Stelle in der Reihenfolge der Eintragungen gesichert.

Auf Grund der Bewilligung des einzelnen Miteigenthümers zur Eintragung einer Hypothek auf das gemeinschaftliche Grundstück kann eine Vormerkung eingetragen werden, sofern der Bewilligende als Miteigenthümer eingetragen ist. Diese Vormerkung wirkt jedoch nur vorbehaltlich der Bestimmung des §. 62 Absatz 3, sowie unbeschadet des Vorrangs der vor dem Anfall des Grundstücks an den einzelnen Miteigenthümer gegen die sämmtlichen Miteigenthümer erfolgten Eintragungen.

§ **57**. Dem Gläubiger, welcher im Deutschen Reich einen bekannten Wohnsitz oder Aufenthaltsort nicht hat, kann das Kapital durch Zustellung mittelst Aufgabe zur Post (Civ.-Pr.-O. § 161) nach dem aus dem Grundbuch oder den Grundakten ersichtlichen letzten Wohnort des eingetragenen Gläubigers gekündigt werden.

§ **58**. Wenn der Grund oder die Größe eines Anspruchs zur Zeit der Eintragung noch ungewiß ist (Sicherheitshypothek), so muß der höchste Betrag eingetragen werden, bis zu welchem das Grundstück haften soll.

On peut renoncer à la lettre hypothécaire.

La lettre hypothécaire est remise au requérant. Lorsque au commencement on y a renoncé on ne pourra la donner qu'au propriétaire.

Tous les changements et toutes les radiations ne sont inscrits au livre qu'à la charge d'en faire en même temps mention sur la lettre hypothécaire s'il en existe.

§ **55**. Le propriétaire inscrit peut consentir l'inscription seulement sur le bien-fonds en entier, non pas sur des parties intégrantes ou sur des fractions de ce bien-fonds.

L'inscription d'une hypothèque sur la part indivise d'un copropriétaire n'est pas admise.

§ **56**. Le droit du créancier à son inscription peut être conservé par une prénotation qui sera inscrite et rayée d'après les prescriptions du § 36, al. 1.

De même, les autorités qui sont légalement investies du droit de requérir l'inscription d'une hypothèque contre le propriétaire peuvent demander l'inscription d'une prénotation.

La prénotation fixera le rang de l'inscription définitive dans l'ordre des inscriptions.

Dans le cas du consentement d'un copropriétaire à l'inscription d'une hypothèque sur le bien-fonds commun, une prénotation peut être inscrite si le consentant est inscrit comme copropriétaire. Mais cette prénotation n'aura d'effet que sous la restriction apportée par le § 62, al. 3, et sauf la préférence des inscriptions prises contre tous les copropriétaires avant l'attribution du bien-fonds à l'un d'eux.

§ **57**. Au créancier inscrit qui dans le territoire de l'Empire n'a ni domicile ni résidence connus, le remboursement du capital peut être dénoncé au moyen d'une signification faite par l'entremise de la poste (§ 161 du Code de procéd. civ.) au dernier domicile mentionné dans le livre ou le dossier foncier.

§ **58**. Si au moment de l'inscription la cause ou l'étendue de la dette est encore incertaine (hypothèque de cautionnement), on inscrira le maximum de la somme pour laquelle le bien-fonds doit être hypothéqué.

Die Umschreibung der Sicherheitshypothek in eine gewöhnliche Hypothek erfolgt auf die Bewilligung des eingetragenen Eigenthümers und die Vorlegung der Urkunde über die Feststellung der persönlichen Schuld.

Auf Ersuchen der zuständigen Behörde (§. 53 Nr. 2) ist nur die Eintragung einer Sicherheitshypothek zulässig.

§ 59. An die Stelle der Vorzugsrechte des Verkäufers und des Theilungsgenossen tritt ein Recht auf Bewilligung einer Hypothek nach Maßgabe dieses Gesetzes.

Der Theilungsgenosse kann dieses Recht wegen des Anspruchs auf Gewährleistung nur insofern geltend machen, als die Gefahr einer Störung bereits erkennbar vorliegt. Hinsichtlich der Verpflichtung zur Herauszahlung und Gewährleistung kann der Eigenthümer die Beschränkung der Eintragung auf ein oder mehrere zur Sicherstellung hinreichende Grundstücke verlangen.

Umfang des Hypothekarrechts.

§ 60. Für das eingetragene Kapital, für die eingetragenen Zinsen und sonstigen Jahreszahlungen und für die Kosten der Eintragung, der Kündigung, der Klage und Beitreibung haften:

1. das ganze Grundstück mit allen seinen Theilen;
2. die auf dem Grundstück befindlichen oder nachträglich darauf errichteten, dem Eigenthümer gehörigen Gebäude, sammt den ihrer Natur nach als unbeweglich geltenden Theilen derselben;
3. die natürlichen An- und Zuwüchse sowie die stehenden und hängenden Früchte, mit Ausnahme derjenigen, welche einem Pächter zuwachsen;
4. die auf dem Grundstück noch vorhandenen, abgesonderten, dem Eigenthümer gehörigen Früchte;
5. die Mieth- und Pachtzinsen;
6. das dem Eigenthümer gehörige, vermöge seiner Bestimmung als unbeweglich geltende Zubehör (Code civil Artt. 522 bis 525) so lange, bis dasselbe veräußert und von dem Grundstück räumlich getrennt worden ist;
7. die dem Eigenthümer zufallenden Versicherungsgelder für Früchte (Nr. 3, 4), Zubehör (Nr. 6) und abgebrannte

Le changement de l'inscription d'une hypothèque de cautionnement en une inscription d'hypothèque ordinaire se fait sur le consentement du propriétaire inscrit et sur la présentation du titre établissant la dette personnelle.

Sur la réquisition faite par l'autorité compétente (§ 53 n° 2) il ne pourra être inscrite qu'une hypothèque de cautionnement.

§ **59**. Les privilèges du vendeur et du co-partageant sont remplacés par le droit au consentement d'une hypothèque dans le sens de la présente loi.

Le co-partageant ne peut pour la garantie du partage demander une hypothèque que dans les cas où il y a danger évident d'un trouble. Le propriétaire peut exiger que l'inscription à prendre pour soultes et retours ou garantie du partage soit restreinte à un ou plusieurs immeubles offrant une sûreté suffisante.

Étendue du droit d'hypothèque.

§ **60**. Pour le paiement du capital inscrit, des intérêts et des autres paiements annuels inscrits, et pour les frais de l'inscription, de la dénonciation, de l'action et des poursuites sont affectés :

1° le bien-fonds en entier avec toutes ses parties ;

2° les constructions, appartenant au propriétaire, qui se trouvent sur le bien-fonds ou qui y sont élevées dans la suite, ainsi que leurs parties réputées immeubles par leur nature ;

3° les accroissements et agrandissements naturels, ainsi que les fruits sur pied et pendants, exceptés ceux qui appartiennent au fermier ;

4° les fruits séparés, appartenant au propriétaire, qui se trouvent encore sur le bien-fonds ;

5° les loyers et fermages ;

6° les objets accessoires, appartenant au propriétaire, qui sont considérés comme immeubles par destination (Code civil, art. 522 à 525), jusqu'à ce qu'ils soient vendus et enlevés du bien-fonds ;

7° les indemnités revenant au propriétaire de l'assurance des fruits (nos 3 et 4), des objets accessoires

oder durch Brand beschädigte Gebäude, soweit nicht die bestehenden besonderen Vorschriften eine Ausnahme begründen.

§ **61**. Die auf einem Grundstück eingetragenen Belastungen ergreifen auch die demselben zugeschriebenen neuen Bestandtheile.

Die Zuschreibung ist nur zulässig, wenn auf den mehreren Grundstücken keine oder dieselben Belastungen in derselben Rangordnung eingetragen sind.

Rangordnung der auf demselben Grundstück haftenden Hypotheken.

§ **62**. Die Rangordnung der auf demselben Grundstück eingetragenen Hypotheken bestimmt sich nach der Reihenfolge der Eintragungen. Sollen mehrere Eintragungen im gleichen Range stehen, so ist dies zu vermerken.

Liegen mehrere Eintragungsbewilligungen Seitens des seine Eintragung erlangenden Eigenthümers vor, so erfolgt die Eintragung aus derjenigen Bewilligung, welche dem Rechtsurheber oder Theilungsgenossen des Bewilligenden zur Sicherung eines Anspruchs aus der Ueberlassung des Grundstücks ertheilt ist, vor den übrigen, sofern der Berechtigte nicht einer anderen Reihenfolge zugestimmt hat.

Der Vorzug der Eintragung zu Gunsten des Theilungsgenossen ist in gleicher Weise gegenüber einer Vormerkung begründet, welche gegen den einzutragenden Eigenthümer auf Grund des § 56 Absatz 4 eingetragen war.

§ **63**. Ein voreingetragener Gläubiger kann sein Vorrecht einem nachstehenden mit der Wirkung einräumen, daß der Letztere an Stelle des Ersteren die Befriedigung aus dem Grundstück zu verlangen berechtigt ist. Die Vorrechte der Zwischenhypotheken werden hierdurch nicht geändert.

Zur Wirksamkeit des eingeräumten Vorrechts Dritten gegenüber ist die Eintragung erforderlich. Dieselbe erfolgt auf Grund der Bewilligung oder auf den Antrag des voreingetragenen Gläubigers.

Der Vermerk der Eintragung (§ 54 Abs. 4) wird auf dem Hypothekenbrief des zurücktretenden und auf Verlangen auch auf dem Hypothekenbrief des vortretenden Gläubigers von dem Grundbuchamte bewirkt.

(nº 6) ou des constructions incendiées ou endommagées par l'incendie, à moins que des dispositions spéciales ne fassent exception.

§ **61**. Les charges inscrites sur un bien-fonds s'étendent également aux nouvelles parties de l'immeuble qui seront inscrites comme telles au livre.

Cette inscription de réunion n'est permise que si les parcelles ne sont point grevées ou bien sont grevées des mêmes charges inscrites au même rang.

Du rang des hypothèques grevant le même bien-fonds.

§ **62**. Le rang des hypothèques inscrites sur le même bien-fonds se détermine par l'ordre des inscriptions. Lorsque plusieurs inscriptions doivent avoir le même rang, il faut le mentionner.

Si plusieurs consentements à des inscriptions sont produits de la part d'une personne qui est inscrite en même temps comme propriétaire, et si l'un d'eux concerne une hypothèque consentie à l'auteur ou au co-partageant du consentant pour la sûreté d'un droit résultant de l'abandon du bien-fonds, l'inscription de cette hypothèque est effectuée avant les autres inscriptions hypothécaires, à moins que la partie intéressée n'ait accepté un autre rang.

La même préférence sera accordée à l'inscription de l'hypothèque, en faveur du co-partageant, vis-à-vis d'une prénotation, laquelle était prise contre le propriétaire en vertu du § 56 al. 4.

§ **63**. Un créancier préinscrit peut céder son droit de préférence à un créancier suivant, Par suite de la cession, ce dernier a le droit d'exiger son paiement sur le bien-fonds à la place du premier. Mais la cession ne préjudicie pas au rang des hypothèques intermédiaires.

La transmission du droit de préférence n'a effet à l'égard des tiers que par suite d'une inscription qui est effectuée en vertu du consentement ou sur la demande du créancier préinscrit.

Le bureau foncier fera mention de l'inscription (§ 54 al. 4) sur la lettre hypothécaire du créancier reculant et sur demande aussi sur celle du créancier qui avance.

§ 64. Die Rangordnung zwischen Hypotheken und andern eingetragenen Rechten bestimmt sich, soweit die letzteren in derselben Abtheilung des Grundbuchs eingetragen sind, nach der Reihenfolge, andern Falls nach dem Datum der Eintragungen.

Eintragungen unter demselben Datum stehen zu gleichem Recht, wenn nicht dabei bemerkt wird, daß die eine der andern nachstehen soll.

Wirkung des Rechts der Hypothek.

§ 65. Durch die Eintragung der Hypothek wird für den Gläubiger der dingliche Anspruch auf zwangsweise Beitreibung der fälligen Forderung begründet. Der Eigenthümer haftet nur mit dem Grundstücke nach Maßgabe der §§ 60, 61.

§ 66. Gegen den dinglichen Anspruch können demjenigen, welcher die Hypothek durch Abtretung erworben hat, Einwendungen, welche das persönliche Schuldverhältniß, die Rechtsbeständigkeit der Hypothek oder die Berechtigung oder Verfügungsfähigkeit seines eingetragenen Rechtsurhebers betreffen, nur entgegengesetzt werden, wenn sie bei dem Erwerb dem Erwerber bekannt oder aus dem Grundbuch ersichtlich waren.

Gesetzliche, vertragsmäßige oder testamentarische Beschränkungen des Hypothekarrechts sind gegen den Erwerber (Abs. 1) nur wirksam, wenn sie bei dem Erwerb im Grundbuch eingetragen waren.

Gegen den Anspruch auf fällige Zinsen oder sonstige Jahreszahlungen oder auf die im § 60 bezeichneten Kosten ist die Einrede der Tilgung unbedingt zulässig.

§ 67. Wenn eine Hypothek ungetheilt auf mehreren Grundstücken eingetragen steht, so ist der Gläubiger berechtigt, sich an jedes einzelne Grundstück wegen seiner ganzen Forderung zu halten.

§ 68. Ein Vertrag, durch welchen sich der Eigenthümer für den Fall, daß er nach Eintritt der Fälligkeit der Hypothekarforderung nicht Zahlung leisten werde, verpflichtet, das Grundstück dem Gläubiger in Eigenthum zu überlassen, ist nichtig.

§ 69. Ein Vertrag zwischen dem hypothekarischen Gläubiger und dem Eigenthümer, durch welchen Ersterem das Recht der Veräußerung zum Zwecke seiner Befriedigung entzogen wird, ist nichtig.

§ **64**. Le rang entre les hypothèques et les autres droits inscrits se détermine, en tant que ces derniers sont inscrits dans la même section du livre foncier que les hypothèques, d'après l'ordre dans lequel ils se suivent, autrement d'après la date des inscriptions.

Les inscriptions de la même date confèrent le même droit, à moins qu'il n'y soit mentionné que l'une doit être primée par l'autre.

Des effets du droit d'hypothèque.

§ **65**. L'inscription de l'hypothèque confère au créancier le droit réel de poursuivre la créance échue par voie d'exécution. Le propriétaire est seulement tenu d'acquitter la dette sur le bien-fonds, conformément aux §§ 60 et 61.

§ **66**. Contre le droit réel, ne peuvent être opposées au cessionnaire de l'hypothèque les exceptions concernant la dette personnelle, l'efficacité de l'hypothèque, le droit de son auteur inscrit ou le droit de ce dernier de disposer, à moins que, lors de la cession, elles ne fussent connues du cessionnaire ou ne ressortissent du livre foncier.

Les restrictions légales, conventionnelles ou testamentaires du droit d'hypothèque n'ont d'effet vis-à-vis du cessionnaire (al. 1) que si au moment de la cession elles étaient inscrites au livre foncier.

Néanmoins l'exception de paiement est toujours recevable contre le droit aux intérêts ou arrérages échus ou aux frais désignés dans le § 60.

§ **67**. Si une hypothèque est inscrite par indivis sur plusieurs biens-fonds, le créancier peut exercer son droit pour sa créance entière sur chacun des biens-fonds.

§ **68**. Toute stipulation qui engage le propriétaire à abandonner au créancier la propriété du bien-fonds pour le cas où il ne paierait pas la dette hypothécaire après son échéance, est nulle.

§ **69**. Est également nulle toute stipulation intervenue entre le créancier hypothécaire et le propriétaire qui interdit au créancier de faire vendre l'immeuble hypothéqué pour arriver au paiement.

Ein Gleiches gilt von dem Vertrage, durch welchen sich der Eigenthümer dem Gläubiger gegenüber verpflichtet, das Grundstück nicht weiter zu belasten.

§ 70. Erhebliche Verschlechterungen des Grundstücks durch welche die Sicherheit des Gläubigers gefährdet wird, berechtigen denselben, bei dem Prozeßgericht Sicherungsmaßregeln zu beantragen, auch seine Befriedigung vor der Verfallzeit zu fordern.

Dasselbe gilt, falls die Versicherung eines verpfändeten Gebäudes nicht erneuert oder die Versicherungssumme erheblich herabgesetzt wird oder eine Thatsache eintritt, welche die Auflösung der Versicherung zur Folge hat.

§ 71. Aus dem mit der Vollstreckungsklausel versehenen Hypothekenbriefe findet gegen den im Grundbuch eingetragenen Eigenthümer die Zwangsvollstreckung in das Grundstück statt.

Auf diese Zwangsvollstreckung finden die Bestimmungen der §§ 663 bis 668, 671 bis 673, 684 bis 694, 697, 698, 701, 705 Absatz 4 der Civilprozeßordnung entsprechende Anwendung, soweit nicht im Nachstehenden abweichende Vorschriften enthalten sind.

Die Vollstreckungsklausel wird auf Antrag dem eingetragenen Gläubiger oder dessen Rechtsnachfolger von dem Buchführer des Grundbuchamts ertheilt.

Die Entscheidung über Einwendungen, welche die Zulässigkeit der Vollstreckungsklausel betreffen, erfolgt von dem Amtsgericht, in dessen Bezirke das Grundbuchamt den Amtssitz hat.

Für Klagen auf Ertheilung der Vollstreckungsklausel sowie für Klagen, durch welche die den Anspruch selbst betreffenden Einwendungen geltend gemacht werden oder der bei der Ertheilung der Vollstreckungsklausel als bewiesen angenommene Eintritt der Thatsache, von welcher die Vollstreckung aus der Urkunde abhängt, oder die als eingetreten angenommene Rechtsnachfolge bestritten wird, ist das Gericht zuständig, in dessen Bezirk das Grundstück liegt.

Uebergang der Hypotheken.

§ 72. Die Hypothek kann nur gemeinsam mit dem persönlichen Recht und nur an einen bestimmten Erwerber abgetreten werden.

Il en est de même de la clause qui engage le propriétaire à ne pas grever le bien-fonds d'autres charges.

§ **70**. En cas que l'immeuble assujetti à l'hypothèque a éprouvé des dégradations graves, de manière qu'il est devenu insuffisant pour la garantie du créancier, celui-ci peut et demander des mesures de sûreté auprès du tribunal compétent et poursuivre son remboursement avant l'échéance de la dette.

Il en est de même si l'assurance d'un bâtiment affecté n'est pas renouvelée, ou si le montant de l'assurance est considérablement diminué, ou bien si un fait qui entraîne la résiliation de l'assurance est survenu.

§ **71**. En vertu de la lettre hypothécaire revêtue de la formule exécutoire, l'exécution forcée peut être poursuivie dans le bien-fonds hypothéqué contre le propriétaire inscrit.

L'exécution est régie par les dispositions contenues aux §§ 663 à 668, 671 à 673, 684 à 694, 697, 698, 701, 705 al. 4, du Code de procédure civile, sauf les modifications suivantes.

La formule exécutoire est donnée sur la requête du créancier inscrit ou de son successeur par le secrétaire du bureau foncier.

Le tribunal cantonal dans le ressort duquel le bureau foncier a son siège, statue sur les objections concernant la délivrance de la formule exécutoire.

Les demandes en délivrance de la formule exécutoire ainsi que les demandes par lesquelles le débiteur propose des objections relatives au fond du droit ou par lesquelles il conteste, soit l'accomplissement du fait auquel l'exécution de l'acte est subordonnée et dont l'accomplissement avait été tenu pour prouvé lors de la délivrance de la formule exécutoire, soit la transmission de droits dont l'existence a été reconnue, sont de la compétence du tribunal dans le ressort duquel le bien-fonds est situé.

De la transmission de l'hypothèque.

§ **72**. La cession de l'hypothèque ne peut se faire sans le transport simultané de l'obligation personnelle; elle sera toujours faite au profit de personnes déterminées.

§ **73**. Die Abtretung wird auf Grund des Uebereinkommens durch die Uebergabe des Hypothekenbriefs an den Erwerber bewirkt. Der Erwerb hängt nicht von der Eintragung ab.

Sollen Ansprüche der im § 66 Abs. 3 bezeichneten Art selbstständig übertragen werden, so finden die bestehenden Vorschriften Anwendung.

§ **74**. Die Eintragung der Abtretung erfolgt auf Grund der Bewilligung des abtretenden Gläubigers. Die Abtretungserklärung gilt als Eintragungsbewilligung.

Die Ueberweisung einer eingetragenen Geldforderung an Zahlungsstatt im Falle der Pfändung ersetzt die Bewilligung der Eintragung.

§ **75**. Die Theilabtretung wird auf Grund des Uebereinkommens durch die Uebergabe des Zweighypothekenbriefs über den abzutretenden Theil der Hypothekarforderung bewirkt.

Dieselbe ist auf dem Hypothekenbriefe zu vermerken.

Der Zweighypothekenbrief besteht aus einer notariell beglaubigten Abschrift des Hypothekenbriefs nebst dem Abtretungsvermerk sowie dem Vermerk darüber, für wen und über welchen Theil der Forderung der Zweighypothekenbrief gebildet ist.

Soll die Theilabtretung eingetragen werden, so ist sowohl der Hypothekenbrief als der Zweighypothekenbrief vorzulegen; der Vermerk der Eintragung erfolgt auf beiden Urkunden.

§ **76**. — Die Zahlung fälliger Zinsen und der sonstigen im § 66 Abs. 3 bezeichneten Schuldbeträge erfolgt so lange gültig an den bisherigen Gläubiger, bis die Abtretung dem Zahlungspflichtigen durch einen Betheiligten oder das Grundbuchamt bekannt gegeben oder anderweit zu dessen Kenntniß gelangt ist.

Die Kündigung des Kapitals kann bis zum Nachweise des neuen Gläubigers mit rechtlicher Wirkung gegen denselben an den bisherigen Gläubiger erfolgen.

Kündigt oder mahnt der Gläubiger, so ist er auf Verlangen, sofern er nicht als Gläubiger eingetragen ist, zur Vorlegung der Erwerbsurkunden und, sofern ein Hypothekenbrief gebildet ist, auch zur Vorlegung des letzteren verpflichtet. Die Kündigung oder Mahnung ist unwirksam, wenn dieselbe wegen Nichtvorlage der Urkunden sofort oder innerhalb einer Woche zurückgewiesen wird.

§ **73**. La cession est effectuée en vertu de la convention par la remise de la lettre hypothécaire à l'acquéreur. L'acquisition n'a pas besoin d'être inscrite pour être valable.

Si des créances de la catégorie désignée au § 66, al. 3 seraient séparées du capital pour être cédées, la cession reste soumise aux lois en vigueur.

§ **74**. L'inscription de la cession se fait en vertu du consentement du créancier cédant. La cession vaut consentement à l'inscription.

En cas de saisie d'une créance inscrite portant sur une somme d'argent, l'adjudication aux fins de l'accepter à titre de paiement remplace le consentement à l'inscription.

§ **75**. La cession partielle est effectuée en vertu de la convention par la remise d'une sous-lettre hypothécaire.

Elle sera mentionnée sur la lettre hypothécaire.

La sous-lettre contiendra copie légalisée par notaire de la lettre hypothécaire avec la mention de la cession, ainsi que la désignation de la personne et de la partie de la créance pour lesquelles la sous-lettre est dressée.

Pour inscrire la cession partielle, on doit présenter la lettre et la sous-lettre hypothécaires, la mention de l'inscription sera portée sur les deux titres.

§ **76**. Le débiteur cédé paye valablement les intérêts échus et les autres dettes désignées au § 66, al. 3, entre les mains du cédant jusqu'au moment où la cession est venue à sa connaissance, soit par la communication d'une partie intéressée ou du bureau foncier, soit d'une autre manière.

La dénonciation du capital faite au cédant est valable à l'égard du cessionnaire, à moins que celui-ci n'ait pas antérieurement fait preuve de la cession au débiteur.

Le créancier qui, sans être inscrit comme tel, fait une dénonciation ou une sommation, est tenu sur demande de présenter ses titres d'acquisition et la lettre hypothécaire s'il en existe. La dénonciation ou la sommation reste sans effet, lorsque, immédiatement ou dans le délai d'une semaine, le débiteur déclare ne pas l'accepter pour cause de la non-production des pièces.

§ **77**. Die Vorschriften der §§ 72 bis 76 finden auf die Verpfändung von Hypothekarforderungen entsprechende Anwendung.

Soweit zur Begründung des Pfandrechts die Beurkundung der Verpfändung vorgeschrieben ist, behält es dabei sein Bewenden.

§ **78**. Die Pfändung einer im Grundbuch eingetragenen Forderung ersetzt die Bewilligung des Berechtigten zur Eintragung des entstandenen Pfandrechts. Zum Nachweis der Pfändung ist der Nachweis der Zustellung des Pfändungsbeschlusses an den Eigenthümer des Grundstücks erforderlich und ausreichend.

Die Eintragung erfolgt auf den Antrag des pfändenden Gläubigers.

§ **79**. Außerhalb des Falles der Abtretung erfolgt der Uebergang der Hypothek nach dem geltenden Recht.

Die Umschreibung der Hypothek auf die in den §§ 27 bis 31, 37 bezeichneten Berechtigten findet unter entsprechender Anwendung dieser Vorschriften statt.

Im Falle der Subrogation erfolgt die Umschreibung der Hypothek auf den Nachweis der Befriedigung des Gläubigers und der sonstigen in den Artt. 1250, 1251 des Code civil bezeichneten Voraussetzungen. Ist der Gläubiger nur theilweise befriedigt, so steht der übergegangene Theil der Restforderung des Gläubigers nach.

Der außerhalb des Falles der Abtretung sich vollziehende Uebergang der Hypothek kann demjenigen, welcher die letztere durch Abtretung erworben hat, nur entgegengesetzt werden, sofern er bei dem Erwerb diesem bekannt oder aus dem Grundbuch ersichtlich war.

Aufhebung der Hypotheken.

§ **80**. Das Hypothekarrecht wird, von besonders geregelten Fällen abgesehen, durch Löschung, durch den Verzicht des Gläubigers, sowie durch den Untergang des persönlichen Rechts aufgehoben.

Die Aufhebung einer nicht gelöschten Hypothek kann Dritten nur entgegengesetzt werden, sofern sie diesen bekannt war.

Das Hypothekarrecht wird dadurch nicht aufgehoben, daß der Eigenthümer, welcher nicht zugleich der persönliche Schuldner ist, die Hypothekarforderung, oder daß der Gläubiger das verpfändete Grundstück erwirbt.

§ **77**. Les prescriptions des §§ 72 à 76 trouvent une application analogue au nantissement de créances hypothécaires.

Les dispositions d'après lesquelles la validité du droit de gage dépend de l'existence d'un acte par écrit restent en vigueur.

§ **78**. La saisie d'une créance inscrite au livre foncier remplace le consentement de la part du créancier à l'inscription du droit de gage constitué. Pour fournir la preuve de la saisie, on justifiera de la signification de l'ordonnance de saisie au propriétaire du bien-fonds.

L'inscription est effectuée sur la demande du créancier saisissant.

§ **79**. Dans des cas autres que celui de la cession, la transmission de l'hypothèque a lieu conformément au droit en vigueur.

L'inscription des successeurs du créancier hypothécaire désignés aux §§ 27 à 31 et 37 se fait par application analogue de ces dispositions.

En cas de subrogation, l'inscription du successeur est faite sur la justification du payement et des autres conditions exigées par les art. 1250 et 1251 du Code civil. Lorsque le créancier n'est payé qu'en partie, il aura, pour ce qui lui reste dû, la préférence sur le nouveau créancier.

La transmission d'une hypothèque qui n'est pas opérée par cession, ne peut être opposée au cessionnaire de l'hypothèque, à moins que lors de la cession elle n'ait été connue de celui-ci ou inscrite au livre foncier.

Radiation des hypothèques.

§ **80**. Sauf les dispositions réglant des cas spéciaux, le droit d'hypothèque s'éteint par la radiation, par la renonciation du créancier et par l'extinction de la dette personnelle.

L'extinction d'une hypothèque non rayée ne peut être opposée à un tiers qui l'ignorait.

Le droit d'hypothèque ne s'éteint ni par l'acquisition du bien-fonds hypothéqué de la part du créancier, ni par l'acquisition de la créance hypothécaire de la part du propriétaire qui n'est pas en même temps le débiteur personnel.

So lange die Eintragung besteht, ist die Hypothekenforderung der Verjährung entzogen. Die Klage auf rückständige Zinsen und sonstige Jahreszahlungen verjährt nach den bestehenden Vorschriften.

§ **81**. Die Löschung erfolgt auf Antrag des eingetragenen Eigenthümers oder auf Ersuchen einer zuständigen Behörde.

Ist die Dauer des Hypothekarrechts vom Leben des Gläubigers abhängig oder zeitlich beschränkt, so finden die Vorschriften des § 46 Absatz 5 Anwendung.

Zur Begründung des Löschungsantrags gehört die Löschungsbewilligung des Gläubigers oder seines legitimirten Rechtsnachfolgers.

Die Quittung des Gläubigers gilt als Löschungsbewilligung.

Hat der Gläubiger sein Vorrecht einem nachstehenden Gläubiger eingeräumt, so ist auch die Löschungsbewilligung des Letzteren beizubringen.

§ **82**. Verweigert der Gläubiger die Bewilligung der Löschung, so bleibt dem Eigenthümer überlassen, zur Sicherung gegen weitere Verfügungen des Gläubigers eine Vormerkung zu erwirken (§ 90).

§ **83**. An die Stelle einer gelöschten Hypothek darf eine andere nicht eingetragen werden; die nachstehenden Hypotheken rücken vor.

Ein Vertrag, durch welchen das Vorrücken einer solchen Hypothek ausgeschlossen werden soll, ist nichtig.

§ **84**. Der Gläubiger, welcher seine Befriedigung erhält, ist zur Aushändigung des Hypothekenbriefs und der sonstigen zur Löschung erforderlichen Urkunden verpflichtet.

Im Falle theilweiser Befriedigung kann die Bescheinigung derselben auf dem Hypothekenbriefe verlangt werden. Auch ist der Gläubiger auf Verlangen verpflichtet, den Hypothekenbrief zum Zwecke der theilweisen Löschung dem Grundbuchamt oder, im Falle der theilweisen Abtretung oder Subrogation, zum Zwecke der Bildung eines Zweighypothekenbriefs einem von dem Rechtsnachfolger bezeichneten Notar und zum Zwecke der Eintragung dem Grundbuchamte vorzulegen.

§ **85**. Auf die Löschung oder Nichtübertragung einer Hypothek aus Versehen des Grundbuchamts finden die Vorschriften des § 50 Anwendung.

Tant que l'inscription existe, la créance hypothécaire n'est pas soumise à la prescription. L'action pour intérêts et arrérages échus se prescrit selon le droit en vigueur.

§ **81.** La radiation est effectuée sur la demande du propriétaire inscrit ou sur la réquisition d'une autorité compétente.

Si la durée du droit d'hypothèque dépend de la vie du créancier ou si elle est limitée à une époque déterminée, les prescriptions du § 46, al. 5, sont applicables.

Pour motiver la demande de radiation, il faut produire le consentement à la radiation de la part du créancier ou de son successeur légitime.

La quittance du créancier vaut consentement à la radiation.

Si le créancier a cédé son droit de préférence à un créancier postérieur, ce dernier doit également consentir à la radiation.

§ **82.** Si le créancier refuse de consentir à la radiation, le propriétaire, pour empêcher qu'à son préjudice le créancier ne dispose ultérieurement de la créance, peut obtenir une prénotation (§ 90).

§ **83.** Il est défendu d'inscrire une autre hypothèque à la place d'une hypothèque rayée ; les hypothèques postérieures en prennent le rang.

Est nulle toute clause portant qu'une hypothèque n'avancera pas en cas de radiation d'une hypothèque antérieure.

§ **84.** Le créancier est tenu de remettre à celui qui le paye la lettre hypothécaire et les autres documents requis pour la radiation.

En cas de payement partiel, on peut exiger que décharge du payement fait soit donnée sur la lettre hypothécaire. Sur demande, le créancier doit en outre présenter la lettre hypothécaire au bureau foncier à fin de radiation partielle ou, en cas de cession ou de subrogation partielles, présenter la même lettre au notaire désigné par l'autre partie à fin de rédaction d'une sous-lettre, ainsi qu'au bureau foncier à fin d'inscription.

§ **85.** Les dispositions du § 50 sont applicables au cas où par suite d'une faute du bureau foncier une hypothèque a été rayée ou n'a pas été transférée.

§ **86**. Abhanden gekommene oder vernichtete Hypothekenbriefe können zum Zwecke des Ersatzes derselben oder der Löschung der Hypothek für kraftlos erklärt, Hypothekarforderungen können, wenn der Gläubiger oder sein Rechtsnachfolger der Person oder dem Aufenthalte nach unbekannt ist, oder deren Verfügungsrecht nicht feststeht, auf Grund eines besonderen Verfahrens zur Löschung gebracht werden.

Das Verfahren und die näheren Voraussetzungen desselben werden durch das Ministerium bestimmt.

Zur Löschung der Hypothek bedarf es in diesen Fällen der Vorlegung des Hypothekenbriefs und der Löschungsbewilligung nicht.

Fünfter Abschnitt.

Bergwerkseigenthum.

§ **87**. Verliehene Bergwerke unterliegen den Vorschriften dieses Gesetzes mit folgenden zusätzlichen Bestimmungen:

1. Das Bergwerkseigenthum wird durch die von der Oberbergbehörde ertheilte Verleihung, bestätigte Konsolidation, Theilung oder Vertauschung von Grubenfeldern und Feldestheilen erworben.

   Der Erwerber ist in diesen Fällen von Amtswegen zur Eintragung seines Bergwerkseigenthums anzuhalten.

   Zu diesem Zwecke hat die Oberbergbehörde dem Grundbuchamt eine beglaubigte Abschrift der Verleihungsurkunde oder die Ausfertigung des bestätigten Konsolidations-, Theilungs- oder Tauschakts zuzustellen.

2. In Betreff der Befugniß des eingetragenen Bergwerkseigenthümers, das verliehene Feld zu theilen, Feldestheile auszutauschen oder auf dieselben zu verzichten, kommen die Vorschriften des Berggesetzes vom 16. Dezember 1873 zur Anwendung.

3. Hülfsbaue, welche unter die Vorschriften der §§ 49 ff. des bezeichneten Gesetzes fallen, erlangen auch ohne Eintragung in das Grundbuch durch Uebertragung des Besitzes die Eigenschaft dinglicher Rechte.

§ **86**. Sera créée une procédure particulière pour arriver en cas de perte ou de destruction de lettres hypothécaires à l'amortissement requis pour leur renouvellement ou la radiation des hypothèques, et pour obtenir la radiation de prétentions à des créances hypothécaires dans les cas où la personne ou la résidence du créancier ou de son successeur sont inconnues ou leur droit de disposer n'est pas établi.

Les formes de la procédure et les conditions spéciales dont elle dépend seront fixées par règlement du ministère.

Pour la radiation de l'hypothèque dans les cas prédésignés, la production de la lettre hypothécaire et du consensentement à la radiation ne sera pas nécessaire.

SECTION V.

De la propriété des mines.

§ **87**. Les concessions des mines sont soumises aux prescriptions de la présente loi, ainsi qu'aux dispositions suivantes :

1° La propriété des mines s'acquiert par la concession faite par l'administration supérieure des mines, et par la consolidation, le partage ou l'échange de concessions ou de parts de concessions approuvés par l'autorité susnommée.

Dans ces cas, l'acquéreur sera contraint d'office à l'inscription de sa propriété minière.

A ces fins, l'administration supérieure des mines remettra au bureau foncier une copie certifiée de l'acte de concession ou l'expédition de l'acte approuvé de consolidation, de partage ou d'échange.

2° La faculté du propriétaire d'une mine inscrit de partager la concession, d'échanger des parties de la concession ou d'y renoncer, est réglée par les prescriptions de la loi sur les mines du 16 décembre 1873.

3° Les travaux de secours qui tombent sous les prescriptions des §§ 49 et suivants de la loi précitée prennent la nature de droits réels par la translation de la possession sans qu'une inscription au livre foncier ne soit nécessaire.

4. Wird Bergwerkseigenthum durch Beschluß der Oberbergbehörde aufgehoben (§§ 35, 138, 139 des bezeichneten Gesetzes), so erfolgt auf Ersuchen derselben Behörde die Löschung sämmtlicher Eintragungen im Grundbuch.

Sechster Abschnitt.

Gerichtliche Entscheidungen.

§ **88**. Der zu Auflassungen und Einschreibungen erforderliche Nachweis der Bewilligung oder des Antrags des Berechtigten wird in allen Fällen, nach näherer Bestimmung des § 779 der Civilprozeßordnung, durch die Vorlegung des Urtheils ersetzt, durch welches der Berechtigte zur Abgabe der Erklärung verurtheilt ist.

§ **89**. Wird durch eine einstweilige Verfügung ein Berechtigter in der Verfügung über das für ihn eingetragene Recht beschränkt, so erfolgt die Eintragung in Gemäßheit der gerichtlichen Entscheidung auf den Antrag desjenigen, zu dessen Gunsten die letztere ergangen ist.

Des Nachweises der vorgängigen Zustellung der gerichtlichen Entscheidung bedarf es nicht.

In gleicher Weise ist nach Aufhebung der Verfügungsbeschränkung durch Urtheil oder Beschluß die Löschung des eingetragenen Vermerks auf den Antrag des in der Verfügung über das Recht Beschränkten herbeizuführen.

In geeigneten Fällen kann das Gericht die Eintragung oder Löschung auch unmittelbar, soweit nöthig durch Ersuchen des Grundbuchamts, veranlassen.

Auf Grund der Bewilligung oder auf den Antrag desjenigen, zu dessen Gunsten die Eintragung bewirkt ist, kann die Löschung gleichfalls erfolgen.

§ **90**. Die gerichtliche Entscheidung wegen Eintragung einer Vormerkung erfolgt durch einstweilige Verfügung.

Die zur Begründung des Antrags auf Erlaß der Verfügung angeführten Thatsachen sind dem Gericht glaubhaft zu machen. Die Verfügung ist zu erlassen, auch wenn eine Gefährdung des vorzumerkenden Rechts nicht behauptet ist.

Hinsichtlich der Herbeiführung der Eintragung und Löschung finden die Vorschriften des § 89 Anwendung.

Die endgültige Eintragung an Stelle der Vormerkung erfolgt

4° Lorsque la propriété minière est supprimée par une décision de l'administration supérieure des mines (§§ 35, 138 et 139 de la loi précitée), la radiation de toutes les inscriptions contenues au livre foncier se fera sur la réquisition de la même administration.

SECTION VI.

Des décisions judiciaires.

§ **88**. La preuve d'un consentement et d'une demande nécessaire pour la dessaisine et pour les inscriptions est remplacée dans tous les cas par la présentation d'un jugement portant condamnation à donner la déclaration exigée, ainsi qu'il est réglé par le § 779 du Code de procédure civile.

§ **89**. Si par la mesure provisoire d'un tribunal une partie est empêchée de disposer d'un droit inscrit à son profit, l'inscription se fait en vertu de la décision judiciaire sur la demande de celui au profit duquel elle a été rendue.

N'est pas exigée la preuve que la décision a été signifiée.

De même après révocation de la restriction par jugement ou ordonnance, la mention inscrite est rayée sur la demande de celui dont la disposition était restreinte.

Le tribunal peut aussi, le cas échéant, opérer l'inscription ou la radiation par voie directe, au besoin par réquisition au bureau foncier.

La radiation peut encore se faire sur consentement ou demande de celui au profit duquel l'inscription a eu lieu.

§ **90**. Les tribunaux statuent sur l'inscription d'une prénotation par mesure provisoire.

Les faits allégués pour motiver la demande d'une telle mesure provisoire doivent être vérifiés. La demande sera accordée lors même que le demandeur ne prétend pas que le droit à prénoter soit compromis.

L'inscription et la radiation se font conformément aux prescriptions du § 89.

L'inscription définitive remplaçant la prénotation est

auf Grund der Bewilligung dessen, gegen welchen die Vormerkung gerichtet war, oder des Ersuchens der zuständigen Behörde.

§ 91. Das Erbabsonderungsrecht der Nachlaßgläubiger und Vermächtnißnehmer wird bezüglich der zum Nachlaß gehörigen eingetragenen Grundstücke und Rechte durch eine Vormerkung auf Grund gerichtlicher Entscheidung (§ 90) gesichert. Die Vormerkung erfolgt gegenüber dem Erben und kann schon vor dessen Eintragung, jedoch nicht nach Ablauf von drei Monaten nach Eröffnung der Erbschaft eingetragen werden.

Mit dem Erbabsonderungsrecht ist eine Hypothek nicht verbunden.

§ 92. Hinsichtlich des Arrests in Grundstücke gelten folgende Bestimmungen:

1. Die Vollziehung des Arrests wird durch Beschlagnahme bewirkt. Dieselbe erfolgt durch Beschluß des Arrestgerichts (C.-P.-O. § 799), worin die einzelnen Grundstücke sowie der im § 803 der Civilprozeßordnung bezeichnete Geldbetrag anzugeben sind.

   Der Gläubiger hat den Beschluß zustellen zu lassen.

   Die Beschlagnahme ist nicht weiter auszudehnen, als es nach den geeignetenfalls glaubhaft zu machenden Angaben des Gläubigers zu dessen Sicherheit erforderlich erscheint.

2. Die nach der Beschlagnahme vom Schuldner vorgenommenen Veräußerungen, Belastungen, Vermiethungen und Verpachtungen sind dem zur Zwangsvollstreckung schreitenden Gläubiger gegenüber unwirksam.

   Die Unwirksamkeit kann jedoch gegenüber Dritten nur nach Maßgabe des § 41 geltend gemacht werden.

3. Die Eintragung der Beschlagnahme erfolgt in Gemäßheit des Beschlusses auf Antrag des Gläubigers. In derselben ist der in Nr. 1 erwähnte Geldbetrag anzugeben.

   Des Nachweises der Zustellung des Beschlusses bedarf es nicht.

4. Die Beschlagnahme tritt nach Ablauf eines Jahres nach Erlaß des Beschlagnahmebeschlusses außer Kraft, wenn nicht der Gläubiger inzwischen den Antrag auf Anordnung der Zwangsvollstreckung angebracht oder

effectuée sur production du consentement de la personne contre laquelle la prénotation était prise, ou sur la réquisition de l'autorité compétente.

§ **91**. Pour conserver le droit des créanciers et légataires à la séparation du patrimoine du défunt, par rapport aux immeubles et droits de la succession inscrits au livre on fait inscrire une prénotation en vertu d'une décision judiciaire (§ 90). La prénotation se fait à l'encontre de l'héritier; elle sera inscrite déjà avant l'inscription de ce dernier, mais elle ne pourra plus l'être après l'expiration de trois mois depuis l'ouverture de la succession.

Le droit à la séparation des patrimoines ne confère pas d'hypothèque.

§ **92**. La contrainte sur les biens-fonds est régie par les dispositions suivantes :

1° L'exécution de la contrainte se fait par une saisie, décrétée par une ordonnance du tribunal de la contrainte (Code de procédure civile § 799) qui désignera les immeubles et fixera une somme d'argent dans le sens du § 803 du même Code.

L'ordonnance sera signifiée par le créancier.

La saisie ne doit pas être étendue au delà des limites paraissant nécessaires pour la conservation des droits du créancier selon les indications de ce dernier qui au besoin seront vérifiées.

2° Les aliénations, les concessions de droits réels, les baux à ferme et à loyer consentis par le débiteur après la saisie restent sans effet vis-à-vis du créancier procédant à l'exécution forcée.

Toutefois cette inefficacité ne pourra être opposée aux tiers que conformément au § 41.

3° L'inscription de la saisie se fait en vertu de l'ordonnance sur la demande du créancier. On y mentionnera la somme d'argent désignée sous n° 1.

N'est pas exigée la preuve que l'ordonnance est signifiée.

4° La saisie perd son effet à l'expiration d'une année à partir de la date de l'ordonnance, à moins que dans l'intervalle le créancier n'ait formé la demande à fin d'exécution forcée ou n'ait adhéré à l'exécution

sich der Zwangsvollstreckung eines anderen Gläubigers angeschlossen hat oder eine Verlängerung der Frist durch das Gericht der Hauptsache eingetreten ist.

Eine mehrmalige Fristverlängerung ist statthaft.

5. Nach Ablauf der Frist (Nr. 4 Absatz 1, 2) ist, mangels des Nachweises einer der in Nr. 4 bezeichneten Voraussetzungen, die Löschung der Eintragung auf Kosten des Gläubigers von Amtswegen zu bewirken.

Im Uebrigen erfolgt die Löschung auf Grund der Bewilligung oder auf den Antrag des Gläubigers oder auf Grund des den Arrest aufhebenden Beschlusses oder vollstreckbaren Urtheils.

§ **93**. Das Konkursgericht hat die Eintragung der Eröffnung des Konkursverfahrens bei den Grundstücken des Gemeinschuldners von Amtswegen zu beantragen. Es kann die Eintragung auch bei den Hypotheken und den anderen übertragbaren Rechten des Gemeinschuldners an Grundstücken verlangen.

Nach Aufhebung des Verfahrens hat das Gericht das Grundbuchamt um Löschung des eingetragenen Vermerks zu ersuchen.

Siebenter Abschnitt.

Vorschriften über die Anlegung der Grundbücher und Schlußbestimmungen.

Verfahren von Amtswegen.

§ **94**. Die Anlegung der Grundbücher erfolgt von Amtswegen.

Vorverfahren.

§ **95**. Das Grundbuchamt ladet die aus dem Kataster ersichtlichen oder sonst ermittelten Besitzer der Grundstücke behufs Anlegung des Grundbuchs vor.

Wer der Ladung nicht oder nicht rechtzeitig Folge leistet, wird mit Geldstrafe bis zu 150 ℳ bestraft.

§ **96**. Der als Besitzer Vorgeladene ist verpflichtet, dem Grundbuchamte:

1. seinen unmittelbaren Rechtsvorgänger zu nennen,

poursuivie par un autre créancier ou que le délai n'ait été prorogé par le tribunal appelé à statuer sur le fond.

Le délai pourra être prorogé plusieurs fois.

5° A l'expiration du délai (n° 4, al. 1 et 2), il sera, faute de la preuve d'une des hypothèses désignées au n° 4, procédé d'office à la radiation de l'inscription aux frais du créancier.

Excepté ce cas, la radiation est effectuée soit en vertu du consentement ou sur la demande du créancier, soit en vertu d'une ordonnance ou d'un jugement exécutoire donnant levée de la contrainte.

§ **93**. Le tribunal de la faillite doit requérir d'office l'inscription de l'ouverture de la procédure de faillite à côté de l'inscription des biens-fonds du failli. Ce tribunal peut demander la même inscription à côté des hypothèques et des autres droits cessibles inscrits au profit du failli sur des biens-fonds.

Après clôture de la procédure de faillite, le tribunal doit requérir auprès du bureau foncier la radiation de la mention inscrite.

SECTION VII.

Prescriptions sur la création des livres fonciers et dispositions finales.

Procédure d'office.

§ **94**. Les livres fonciers seront établis d'office.

Procédure préliminaire.

§ **95**. Le bureau foncier citera les personnes qui sont inscrites au cadastre ou autrement connues comme possesseurs des biens-fonds à comparaître devant lui à fin de la formation du livre foncier.

Seront punis d'une amende qui pourra s'élever jusqu'à 150 *M* ceux qui ne se conformeront pas à la citation ou qui comparaîtront trop tard.

§ **96**. Le possesseur cité sera tenu :

1° de dénommer au bureau foncier son prédécesseur immédiat,

2. den Rechtsgrund anzugeben, vermöge dessen das Eigenthum auf ihn übergegangen ist,
3. die darauf sich beziehenden Urkunden oder anderen Beweisstücke vorzulegen und
4. alle auf dem Grundstück haftenden Beschränkungen des Eigenthumsrechts und des Verfügungsrechts des Eigenthümers sowie die in § 43 Abs. 2, §§ 45, 51 bezeichneten, das Grundstück belastenden Rechte anzuzeigen.

§ 97. Das Grundbuchamt hat die zur Feststellung der Eigenthums- und Belastungsverhältnisse weiter erforderlichen Ermittelungen, insbesondere geeignetenfalls durch Einsichtnahme des Katasters und der Hypothekenregister oder durch Erhebung von Kataster- und Hypothekenauszügen, zu veranlassen.

Den vom Besitzer angegebenen und den sonst bekannten Berechtigten ist von der bevorstehenden Anlegung des Grundbuchs Mittheilung zu machen.

Aufgebot und Anmeldefrist.

§ 98. Mit Ausnahme der bereits vorgeladenen Personen (§ 95) haben alle diejenigen, welche vermeinen, daß ihnen an einem Grundstück das Eigenthum oder ein das Eigenthumsrecht oder die Verfügung über das Grundstück beschränktes Recht, eine Hypothek oder irgend ein nach den Vorschriften dieses Gesetzes zur Wirksamkeit gegen Dritte der Eintragung oder Vormerkung bedürfendes Recht zustehe, ihre Ansprüche, unter Vorlegung der darüber vorhandenen Urkunden, innerhalb einer Frist von 6 Monaten bei dem Grundbuchamt anzumelden.

Der Anfangstag dieser Anmeldefrist wird, sobald für eine oder mehrere Gemeinden das Vorverfahren (§§ 95 bis 97) stattgefunden hat, durch eine im Gesetzblatt zu verkündende Verfügung des Ministeriums für den betreffenden Bezirk bestimmt.

Die Anmeldung der zu Gunsten von Bevormundeten und Ehefrauen zufolge Beschlusses des Familienraths bezw. des Gerichts bestehenden Hypotheken ist von dem für die Vormundschaft, bezw. für die Bestellung der Hypothek zuständigen Amtsgericht zu bewirken.

2° d'indiquer le mode d'acquisition par lequel la propriété lui a été transmise,
3° de présenter les titres et documents qui s'y rapportent,
4° de déclarer toutes les restrictions du droit de propriété et toutes celles qui empêchent le propriétaire de disposer de son droit, ainsi que les charges désignées dans les §§ 43, al. 2, 45 et 51 dont le bien-fonds est affecté.

§ **97**. Le bureau foncier fera les recherches qui seront encore nécessaires pour la constatation de la propriété et des charges; il s'informera, le cas échéant, par inspection du cadastre et des registres des hypothèques, ou bien il s'en fera délivrer des extraits.

Les personnes désignées par le possesseur ou connues au bureau comme intéressées seront prévenues de la formation du livre foncier.

Sommation publique et délai pour la déclaration et production.

§ **98**. A l'exception des personnes qui, aux termes du § 95 seront citées à comparaître, tous ceux qui prétendent avoir sur un bien-fonds le droit de propriété, ou un droit restreignant le droit de propriété ou empêchant d'en disposer, une hypothèque ou n'importe quel autre droit dont l'effet à l'égard des tiers dépend d'une inscription ou d'une prénotation conformément aux prescriptions de la présente loi, doivent déclarer leurs droits au bureau foncier dans un délai de 6 mois; ils produiront en même temps leurs titres.

Dès que la procédure préliminaire (§§ 95 à 97) a eu lieu pour une ou plusieurs communes, le premier jour du délai sus-mentionné sera fixé pour le district en question par une décision ministérielle qui doit être publiée au *Bulletin des lois*.

Les déclarations des hypothèques constituées par suite d'une délibération du conseil de famille ou d'une décision judiciaire en faveur des personnes qui se trouvent sous une tutelle ou en faveur de femmes mariées, seront faites par le tribunal cantonal compétent pour la tutelle ou pour l'établissement de l'hypothèque.

Für Abwesende ohne bekannten Wohn- und Aufenthaltsort kann die Anmeldung durch den Bürgermeister des letzten Wohnorts geschehen.

Ueber die Anmeldungen hat das Grundbuchamt den Anmeldenden auf deren Verlangen eine Bescheinigung zu ertheilen.

§ 99. Die Unterlassung der Anmeldung hat folgende Wirkungen:

1. die nach §§ 100 und 101 Legitimirten werden als Eigenthümer eingetragen;
3. diejenigen, welche das Eigenthum oder ein das Eigenthumsrecht oder die Verfügung des Eigenthümers beschränkendes Recht beanspruchen, können dasselbe gegen den dritten Besitzer und gegen die vor der nachträglichen Eintragung des in Anspruch genommenen Rechts eingetragenen Hypothekargläubiger und sonstigen dinglich Berechtigten nicht geltend machen, falls dieselben ihre Rechte in redlichem Glauben an die Richtigkeit des Grundbuchs erworben haben;
3. die Hypothekargläubiger und sonstigen dinglich Berechtigten verlieren

   gegen jeden Dritten, der im redlichen Glauben an die Richtigkeit des Grundbuchs das Grundstück erworben hat, ihr dingliches Recht

   und

   gegenüber allen übrigen dinglich Berechtigten, deren Hypotheken und sonstige Ansprüche eingetragen sind, ihr Vorrecht.

Innerhalb der Anmeldefrist (§ 98) sind die obigen Folgen der Nichtanmeldung nach Maßgabe der vom Ministerium zu erlassenden Vorschriften wiederholt bekannt zu machen.

Feststellung der Ansprüche und Anlegung des Grundbuchs.

§ 100. Der im Kataster eingetragene Besitzer oder nach dessen Tode sein Rechtsnachfolger wird als Eigenthümer eingetragen, wenn sich nicht gegen seinen Eigenthumsbesitz Bedenken ergeben.

§ 101. Auch der im Kataster nicht verzeichnete Besitzer gilt als berechtigt, die Eintragung als Eigenthümer zu verlangen,

Pour ceux qui n'ont ni domicile ni résidence connus, le maire du dernier domicile pourra faire déclaration.

Le bureau foncier délivrera, sur demande, aux déclarants un certificat des déclarations par eux faites.

§ **99**. L'omission de la déclaration a les effets suivants :

1° les personnes légitimées aux termes des §§ 100 et 101 sont inscrites comme propriétaires ;

2° ceux qui réclament la propriété ou un droit qui restreint le droit de propriété ou empêche le propriétaire de disposer, ne peuvent opposer leurs droits ni au tiers possesseur ni aux créanciers hypothécaires inscrits avant l'inscription postérieure des réclamants, ni à ceux qui ont acquis d'autres droits réels sur l'immeuble, pourvu que ces personnes aient acquis leurs droits en se fiant à l'exactitude du livre foncier ;

3° les créanciers hypothécaires et ceux auxquels compètent d'autres droits réels perdent leurs droits réels à l'égard de tout tiers qui a acquis le bien-fonds en se fiant à l'exactitude du livre foncier,

et

ils perdent leurs droits de préférence à l'égard de toutes autres personnes ayant des hypothèques ou d'autres droits réels inscrits au livre.

Pendant le cours du délai pour la déclaration (§ 98), des publications sont faites à différentes reprises et d'après les prescriptions qui seront émises par le ministère, pour prévenir le public des conséquences énumérées ci-dessus qui résulteraient de l'omission d'une déclaration exigée.

Constatation des droits et formation du livre foncier.

§ **100**. Le possesseur inscrit au cadastre, en cas de décès son successeur, est inscrit comme propriétaire, à moins qu'il n'y ait des doutes sur sa possession à titre de propriétaire.

§ **101**. Est également autorisé à demander son inscription comme propriétaire, le possesseur non inscrit au

wenn der im Kataster Eingetragene oder nach dessen Tode sein Rechtsnachfolger seine Einwilligung ertheilt hat oder zur Ertheilung derselben rechtskräftig verurtheilt worden ist.

§ **102**. Die Eintragung des nach den §§ 100, 101 Berechtigten erfolgt, falls nicht entgegenstehende Eigenthumsansprüche angemeldet worden sind. Ist Letzteres geschehen, so darf vor der rechtskräftigen Entscheidung über die streitigen Ansprüche das Grundstück nicht in das Grundbuch aufgenommen werden.

Wer derartige Ansprüche erhebt, hat innerhalb einer ihm vom Grundbuchamte zu bestimmenden Frist den Nachweis zu erbringen, daß er gegen den nach Maßgabe des Katasters legitimirten Besitzer den Rechtsweg beschritten hat, widrigenfalls der Letztere als Eigenthümer in das Grundbuch eingetragen wird.

§ **103**. Die rechtzeitig angemeldeten Hypotheken und sonstigen dinglichen Rechte sowie die der Eintragung oder Vormerkung nach diesem Gesetz unterliegenden Rechts- und Verfügungsbeschränkungen werden mit der ihnen nach den bisherigen Gesetzen zukommenden Rangordnung im Grundbuch eingetragen, beziehungsweise vorgemerkt.

§ **104**. Für ein angemeldetes Recht ist eine Vormerkung einzutragen, wenn dasselbe glaubhaft gemacht ist, vom Eigenthümer aber der Eintragung widersprochen oder von einem Betheiligten die Identität des Grundstücks bestritten wird.

Behauptet der Eigenthümer, daß ein angemeldetes Recht getilgt sei, ohne dies urkundlich nachweisen zu können, so ist das Recht einzutragen, zugleich aber die behauptete Tilgung, wenn sie glaubhaft gemacht ist, vorzumerken.

Demjenigen, zu dessen Gunsten eine dieser Vormerkungen eingetragen ist, wird auf Antrag des Gegners vom Grundbuchamt die Verfolgung seines Anspruchs im Prozeßwege innerhalb einer zu bestimmenden Frist aufgegeben. Nach Ablauf derselben wird auf weiteren Antrag die Vormerkung gelöscht, falls nicht dem Grundbuchamte der Nachweis über die Beschreitung des Rechtsweges erbracht ist.

§ **105**. Die in den §§ 2 bis 4 und 31 des Gesetzes vom . . . ., betreffend Grundeigenthum und Hypothekenwesen, erwähnten Rechte auf Rückgängigmachung des Eigenthumsübergangs werden als Beschränkungen des Eigenthumsrechts eingetragen, sofern dieselben nach den bezeichneten Vorschriften gewahrt sind.

cadastre, si la personne inscrite au cadastre, ou bien son successeur, y consent, ou est condamné par un jugement passé en force de chose jugée à donner son consentement.

§ **102**. Le possesseur légitimé aux termes des §§ 100 et 101 n'est inscrit qu'à défaut d'une déclaration de droits de propriété opposés. Une déclaration intervenue, on n'inscrira l'immeuble au livre foncier qu'après qu'il soit statué sur les droits litigieux par une décision judiciaire passée en force de chose jugée.

Celui qui soulève de telles prétentions, doit, dans le délai qui lui sera fixé par le bureau foncier, prouver qu'il a intenté un procès au possesseur légitimé par le cadastre, sinon ce dernier sera inscrit comme propriétaire au livre foncier.

§ **103**. Les hypothèques et autres droits réels déclarés en temps utile ainsi que les restrictions du droit ou portant empêchement de disposer, soumises à l'inscription ou à la prénotation par la présente loi, seront inscrits ou bien prénotés au livre foncier dans l'ordre du rang qu'ils avaient suivant les anciennes lois.

§ **104**. On inscrira une prénotation pour un droit déclaré et vérifié si le propriétaire s'oppose à l'inscription du droit ou si l'identité du bien-fonds est contestée par un intéressé.

Lorsque le propriétaire prétend qu'un droit déclaré est éteint, sans qu'il puisse prouver ses allégations par titres, le droit sera inscrit, mais on fera en même temps prénotation de l'extinction prétendue, si elle est vérifiée.

Le bureau foncier prescrira sur demande que celui au profit duquel une de ces prénotations a été inscrite, doit dans un délai fixé poursuivre judiciairement son droit. A l'expiration du délai la prénotation sera rayée sur demande s'il n'a pas été justifié au bureau foncier que le procès a été intenté.

§ **105**. Les droits à la rescision de la transmission de la propriété mentionnés aux §§ 2 à 4 et 31 de la loi du . . ., relative à la propriété foncière et au régime hypothécaire, sont inscrits comme restrictions du droit de propriété, pourvu qu'ils aient été conservés conformément aux prescriptions indiquées.

§ **106**. Die Vorzugsrechte der Verkäufer, Darleiher, Theilungsgenossen, Nachlaßgläubiger und Vermächtnißnehmer, sowie die im § 30 des vorbezeichneten Gesetzes vom .... erwähnten Vorzugsrechte werden, sofern sie vorschriftsmäßig gewahrt sind, als Hypotheken, das Hypothekarrecht an einem einzutragenden Nießbrauch als Pfandrecht an dem letzteren auf Anmeldung eingetragen.

Die im § 92 Nr. 4 festgesetzte Jahresfrist läuft bezüglich der bestehenden Arreste von der Eintragung derselben im Grundbuch an.

§ **107**. Die Hypothekargläubiger erhalten auf Grund ihrer Eintragung Hypothekenbriefe.

§ **108**. Sobald die Verhandlungen zur Feststellung des Eigenthümers und der der Eintragung bedürfenden Rechte für ein Grundstück beendet sind, hat das Grundbuchamt die Eintragungen in das Grundbuch zu bewirken.

Nach Maßgabe des Fortschreitens der Aufnahme der Grundstücke in das Grundbuch ist von Zeit zu Zeit die erfolgte Anlegung des Grundbuchs mit der Bezeichnung der eingetragenen Grundstücke nach dem Kataster sowie der Besitzer durch ein vom Ministerium zu bestimmendes Blatt bekannt zu machen.

§ **109**. Die zufolge des § 103 aufgestellte Rangordnung wird zu Gunsten Dritter, welche seit Anlegung des Grundbuchs Rechte erworben haben, unanfechtbar, sofern nicht binnen Jahresfrist nach der im § 108 Absatz 2 vorgeschriebenen Bekanntmachung von einem Betheiligten gegen Diejenigen, deren Eintragungen seinen Anspruch verletzen, Klage erhoben und binnen derselben Frist die Eintragung einer Vormerkung im Grundbuch bewirkt ist. Die letztere erfolgt nach Vorlegung der zugestellten Klageschrift auf den an das Grundbuchamt gerichteten Antrag des Klägers bei den sämmtlichen durch die Klage betroffenen Eintragungen.

Inkrafttreten des neuen Rechts.

§ **110**. Mit dem elften Tage nach der Bekanntmachung (§ 108 Absatz 2) finden auf die eingetragenen Grundstücke die Vorschriften dieses Gesetzes über das Eigenthum, die Hypotheken und die sonstigen dinglichen Rechte Anwendung.

§ **106**. Les privilèges des vendeurs, des prêteurs de fonds, des copartageants, des créanciers de la succession et des légataires, ainsi que les privilèges mentionnés au § 30 de la loi du . . . . . précitée, sont inscrits, sur déclaration faite, comme hypothèques s'ils ont été dûment conservés; de même le droit hypothécaire sur un usufruit, soumis à l'inscription, est inscrit comme droit de gage sur ce dernier.

Le délai d'un an, fixé par le § 92 n° 4, court pour les contraintes existantes à partir de leur inscription au livre foncier.

§ **107**. Les créanciers hypothécaires reçoivent après leur inscription des lettres hypothécaires.

§ **108**. L'instruction à fin de constatation du propriétaire et des droits soumis à l'inscription étant terminée pour un bien-fonds, le bureau foncier effectuera les inscriptions au livre foncier.

Au fur et à mesure de l'admission des biens-fonds au livre foncier, on insère de temps en temps dans un journal, qui sera désigné par le ministère, des annonces, lesquelles, en publiant le résultat des travaux achevés, contiendront la désignation conforme au cadastre des biens-fonds inscrits, ainsi que celle des possesseurs inscrits comme propriétaires de ces immeubles.

§ **109**. L'ordre de rang établi conformément au § 103 ne pourra plus être attaqué au préjudice des tiers qui depuis l'établissement du livre foncier ont acquis des droits, à moins que dans le délai d'un an, à partir de la publication prescrite au § 120 al. 2, une partie n'ait introduit une action contre ceux dont l'inscription préjudicie à ses droits prétendus et n'ait fait inscrire une prénotation au livre foncier. Cette prénotation se fait à côté de toutes les inscriptions que concerne l'action, sur la présentation du libellé de la demande signifié et sur la requête adressée au bureau foncier par le demandeur.

Entrée en vigueur du nouveau droit.

§ **110**. Les prescriptions de la présente loi, concernant la propriété, les hypothèques et les autres droits réels, sont applicables aux biens-fonds inscrits avec le onzième jour après la publication prévue par le § 108 al. 2.

Zugleich treten bezüglich der eingetragenen Grundstücke die diesem Gesetze widersprechenden Bestimmungen außer Kraft. Außer Kraft treten insbesondere die Artikel 939 bis 942, 2099, 2103 bis 2180, 2193 bis 2203 des Code civil und das Gesetz über die Ueberschreibung vom 23. März 1855. Hinsichtlich des Hypotheken-Reinigungsverfahrens tritt an Stelle der Ueberschreibung die Eintragung im Grundbuch.

§ **111**. Mit dem elften Tage nach der letzten, als solche zu bezeichnenden Bekanntmachung (§ 108 Absatz 2) treten für den betreffenden Bezirk auch bezüglich der noch nicht eingetragenen Grundstücke die Vorschriften dieses Gesetzes in Wirksamkeit.

Die bisherigen Vorschriften kommen jedoch für diese Grundstücke so lange noch zur Anwendung, als durch Bescheinigung des Grundbuchamts nachgewiesen wird, daß die Eintragung in das Grundbuch wegen eines bestehenden Hindernisses noch nicht habe stattfinden können.

Nachfrist und nachträgliche Eintragung.

§ **112**. Wer in der Zeit vom Beginn der Anmeldefrist (§ 98) bis zu dem in den §§ 110, 111 bestimmten Tage das Eigenthum oder ein sonstiges in das Grundbuch einzutragendes Recht erworben hat, muß dasselbe, falls die Anmeldung nicht bereits früher erfolgt ist, bei Vermeidung des im § 99 vorgeschriebenen Rechtsnachtheils, binnen 14 Tagen nach dem Eingangs bezeichneten Tage bei dem Grundbuchamt anmelden.

Auf die Eintragung und die Rangordnung der angemeldeten Rechte finden die §§ 102 bis 108 Absatz 1 und § 109 mit der Maßgabe Anwendung, daß die einjährige Frist (§ 109) von dem Tage der Eintragung zu laufen beginnt.

Schlußbestimmungen.

§ **113**. Bis zu den in den §§ 110, 111 bezeichneten Tagen werden die bisherigen Register des Hypothekenamts fortgeführt.

Die bisherigen Register, in welche Einschreibungen nicht mehr zu bewirken sind, werden geschlossen und der von dem Ministerium bezeichneten Behörde zur Aufbewahrung übergeben. Für die Grundstücke, hinsichtlich deren die Vorschrift des § 111 Absatz 2 Platz greift, hat das Grundbuchamt Register zu führen, in welche von demselben, nach näherer Anweisung des Ministeriums, die Ueberschreibungen u. Einschreibungen zubewirken sind.

Au même moment les prescriptions contraires à la présente loi sont abrogées par rapport aux biens-fonds inscrits. Sont notamment abrogés les art. 939 à 942, 2099, 2103 à 2180, 2193 à 2203 du Code civil ainsi que la loi sur la transcription du 23 mars 1855. Par rapport à la purge la transcription est remplacée par l'inscription au livre foncier.

§ **111**. Avec le onzième jour après la *dernière* publication (§ 108 al. 2) qui devra être désignée comme telle, les dispositions de la présente loi entrent en vigueur pour le district en question, même par rapport aux biens-fonds qui ne seraient pas encore inscrits.

Néanmoins les dispositions antérieures continuent à être appliquées à des biens-fonds qui, selon une attestation du bureau foncier, n'ont pu être inscrits par suite d'un empêchement existant.

Délai supplémentaire et inscription postérieure.

§ **112**. Quiconque aura acquis la propriété ou un autre droit sujet à inscription au livre foncier dans l'intervalle entre le commencement du délai de déclaration (§ 98) et le jour fixé par les §§ 110 et 111 doit faire la déclaration devant le bureau foncier, à moins qu'elle n'ait eu lieu auparavant, dans les quinze jours après le jour désigné, sous peine du préjudice statué par le § 99.

Les §§ 102 à 108 al. 1, § 109 seront applicables à l'inscription et au rang des droits déclarés avec cette modification que le délai d'un an (§ 109) commence à courir le jour de l'inscription.

Dispositions finales.

§ **113**. Les conservateurs des hypothèques continuent de tenir les registres hypothécaires jusqu'aux jours désignés par les §§ 110 et 111.

Les anciens registres, dans lesquels on ne fera plus d'inscriptions, sont clos et remis à l'autorité désignée par le ministère pour les conserver. Pour les biens-fonds auxquels la disposition du § 111 al. 2 est applicable le bureau foncier tiendra des registres dans lesquels il fait les transcriptions et les inscriptions d'après les règles qui seront fixées par le ministère.

§ **114**. Die Anlegung der Grundbücher kann vom Ministerium einer besonderen Behörde übertragen werden; auf dieselben finden die für das Grundbuchamt gegebenen Bestimmungen Anwendung.

§ **115**. Die Wiederherstellung zerstörter oder verloren gegangener Grundbücher erfolgt auf Grund einer Verordnung des Ministeriums, welche im Gesetzblatt zu verkünden ist.

§ **116**. Die zur Ausführung dieses Gesetzes erforderlichen Anordnungen werden durch das Ministerium erlassen. Dasselbe hat insbesondere über die Errichtung von Grundbuchämtern, über die Bildung und Einrichtung der Hypothekenbriefe, über das Zustellungswesen, die Bekanntgabe der im Grundbuch erfolgten Einschreibungen an die Betheiligten und die Ertheilung von Abschriften aus den Grundbüchern und Grundakten sowie über die Einsicht der letzteren Bestimmung zu treffen.

Für die Uebereinstimmung zwischen Kataster und Grundbuch ist in gleicher Weise Sorge zu tragen.

§ **117**. Die Anlegung der Grundbücher, einschließlich der Aushändigung der Hypothekenbriefe erfolgt kostenfrei.

Von der Kostenfreiheit ist ausgeschlossen:

1. wer seinen Anspruch nicht rechtzeitig anmeldet (§§ 98, 112);
2. wer den im § 102 Absatz 2 bezeichneten Nachweis der Beschreitung des Rechtswegs nicht rechtzeitig erbringt.

§ **114**. Le ministère peut charger une commission spéciale de la formation des livres fonciers; les prescriptions établies pour le bureau foncier seront applicables à cette commission.

§ **115**. Le rétablissement de livres fonciers détruits ou perdus se fait en vertu d'une ordonnance du ministère qui sera publiée au *Bulletin des lois*.

§ **116**. Les mesures nécessaires pour l'exécution de la présente loi seront ordonnées par le ministère. Il appartient notamment à celui de régler l'établissement de bureaux fonciers, la création et la forme des lettres hypothécaires, les significations, la manière de porter les intabulations à la connaissance des intéressés, la délivrance d'extraits des livres et des dossiers fonciers, ainsi que l'inspection de ces derniers.

Il sera pourvu de la même manière à ce que le cadastre et le livre foncier demeurent conformes.

§ **117**. La formation des livres fonciers y compris la délivrance des lettres hypothécaires se fait sans frais.

De cette exemption ne profitent pas:

1° Ceux qui ne font pas la déclaration de leurs droits en temps utile (§§ 98, 112);

2° Ceux qui ne fournissent pas en temps utile la preuve, exigée par le § 102, al. 2, que l'action y désignée a été introduite par eux.

Entwurf eines Gesetzes,

betreffend

die Ausstellung gerichtlicher Erbbescheinigungen und die Zuständigkeit der Amtsgerichte.

---

§ 1. Jeder gesetzliche Erbe ist befugt, bei demjenigen Amtsgericht, in dessen Bezirk der Erblasser zur Zeit seines Todes den allgemeinen Gerichtsstand gehabt hat, auf Ausstellung einer Erbbescheinigung anzutragen.

§ 2. Der Antragsteller hat den Tod des Erblassers und das persönliche Verhältniß zu demselben, auf welchem sein Erbrecht beruht, soweit die Thatsachen nicht bei Gericht offenkundig sind, durch öffentliche Urkunden oder, wo solche nicht oder schwer zu beschaffen sind, durch Zeugen, wozu auch Offenkundigkeitszeugen zu rechnen, nachzuweisen.

Der Erbe hat dem Gericht die eidesstattliche Versicherung,

daß ihm andere gleich nahe oder nähere Erben nicht bekannt seien, er auch nicht wisse, daß der Erblasser eine letztwillige Verfügung hinterlassen habe,

abzugeben. Diese Erklärung muß zu gerichtlichem oder notariellem Protokoll aufgenommen sein.

Sind mehrere Erben vorhanden, so bleibt es dem Ermessen des Gerichts überlassen, diese Versicherung von allen oder nur von einem oder mehreren Miterben zu verlangen.

Zur Ergänzung des Nachweises kann das Gericht geeigneten Falles ein öffentliches Aufgebot der unbekannten Erben erlassen.

PROJET D'UNE LOI

concernant

la délivrance de certificats judiciaires de qualité d'héritier et la compétence des tribunaux cantonaux.

---

§ 1. Tout héritier légitime a le droit d'exiger la délivrance d'un certificat de qualité d'héritier. La demande en sera adressée au tribunal cantonal, auquel le défunt, selon le statut de juridiction général, était soumis lors de son décès.

§ 2. Le requérant devra prouver, à moins que le tribunal n'accepte pas ces faits comme notoires, la mort du défunt ainsi que le lien de parenté sur lequel il fonde le droit d'héritier. Cette preuve devra être faite par des actes authentiques et dans les cas où on ne pourra s'en procurer que difficilement ou pas du tout, par des témoins, y compris des témoins de notoriété.

L'héritier devra déclarer au tribunal par une affirmation faite en lieu de serment, qu'il ne connaît pas d'autres héritiers du même degré, ni d'un degré plus proche, et qu'en outre il n'est pas à sa connaissance que le défunt ait fait une disposition testamentaire.

Cette déclaration sera consignée dans un procès-verbal dressé par le tribunal ou par un notaire.

S'il y a plusieurs héritiers, le tribunal décidera s'il y a lieu d'exiger cette déclaration de tous les cohéritiers ou seulement d'un seul ou de plusieurs d'entre eux.

Pour compléter la preuve, le tribunal pourra, le cas échéant, faire publier une annonce destinée aux héritiers inconnus.

§ 3. In dem Aufgebote sind alle diejenigen, welche nähere oder gleich nahe Erbansprüche an den Nachlaß zu haben vermeinen, aufzufordern, ihre Ansprüche bis zu einem bestimmten Termin anzumelden, und zwar unter der Verwarnung, daß nach Ablauf des Termins die Ausstellung der Erbbescheinigung erfolgen werde. Der Termin ist mindestens auf drei Monate hinaus zu bestimmen. Die Bekanntmachung erfolgt durch eine oder mehrere Anzeigen im Deutschen Reichsanzeiger und nach dem Ermessen des Gerichts in andern öffentlichen Blättern sowie durch Anschlag an der Gerichtstafel. Ein Ausschlußurtheil ergeht nicht.

§ 4. Das Gericht hat, wenn es das Erbrecht für nachgewiesen erachtet, eine urkundliche Bescheinigung darüber auszustellen.

Liegt eine letztwillige Anordnung vor, so hat der Richter die betreffende Urkunde in der Erbbescheinigung deutlich zu bezeichnen.

Ist dem Gericht bekannt, daß neben dem Erben ein anerkanntes natürliches Kind oder daß ein überlebender Ehegatte des Erblassers vorhanden ist, so ist dies in der Erbbescheinigung zu erwähnen.

§ 5. Die Rechte des wahren Erben werden durch die Erbbescheinigung nur darin beschränkt, daß er die von dritten Personen redlicher Weise mit dem in der Erbbescheinigung benannten Erben über den Nachlaß vorgenommenen Rechtsgeschäfte, insbesondere auch die demselben von Nachlaßschuldnern geleisteten Zahlungen, gegen sich gelten lassen muß.

Derselbe hat jedoch, wenn eine freigebige Verfügung unter Lebenden oder von Todeswegen den Gegenstand des Rechtsgeschäfts bildet, insoweit einen Anspruch gegen den Erwerber, als dieser sich noch im Besitze des Erworbenen oder daraus bereichert findet.

§ 6. Die Rechtsgrundsätze über die Gültigkeit und Wirksamkeit von Rechtsgeschäften, die ein nicht mit einer Erbbescheinigung versehener vermeintlicher Erbe als solcher in Beziehung auf den Nachlaß vorgenommen hat, werden durch die Bestimmungen des § 5 nicht berührt.

§ 7. Gehören zu dem Nachlaß einer Person, welche zur Zeit ihres Todes in Elsaß-Lothringen einen allgemeinen Gerichtsstand nicht hatte, Grundstücke, in öffentlichen Büchern einge-

§ **3**. Par l'annonce seront invités tous ceux qui prétendent avoir des droits plus fondés ou bien tout aussi fondés sur la succession à faire valoir leurs droits dans un délai fixé, après lequel le certificat serait délivré. Ce délai sera au moins de trois mois. La publication se fera par une ou plusieurs insertions dans le *Journal officiel de l'Empire d'Allemagne* et selon l'avis du tribunal dans d'autres feuilles publiques, ainsi que par une affiche au tableau du tribunal. Un jugement de forclusion ne sera pas rendu.

§ **4**. Sur la preuve donnée, le tribunal délivrera un certificat constatant le droit d'héritier qu'il y trouve établi.

S'il y a une disposition testamentaire, le certificat désignera exactement l'acte qui la contient.

S'il est de la connaissance du tribunal qu'à côté de l'héritier il existe un enfant naturel reconnu ou bien un conjoint survivant du défunt, il en sera fait mention.

§ **5**. Le certificat donné au profit d'une personne qui en vérité n'a pas le droit d'héritier y constaté ne préjudicie pas aux droits du vrai héritier. Seulement, en égard du dernier, sont valables les actes que sur la succession les tiers auront passés de bonne foi avec l'héritier dénommé dans le certificat et notamment les payements qui auront été faits à celui-ci par des débiteurs de la succession.

Si l'acte contient une disposition gratuite entre vifs ou à cause de mort, le vrai héritier pourra toujours réclamer de l'acquéreur ce que celui-ci possède encore des objets acquis ou ce dont il est enrichi par l'acquisition.

§ **6**. Les dispositions du § 5 ne changent rien aux principes de droit concernant la validité et la portée des actes qu'un héritier présomptif non pourvu du certificat de qualité d'héritier a passés comme tel par rapport à la succession.

§ **7**. Si la succession d'une personne qui à l'époque de son décès n'était pas soumise à un tribunal d'Alsace-Lorraine, selon le statut de juridiction général, comprend des immeubles, des droits inscrits dans les registres publics, ou

tragene Rechte oder in der Verwahrung einer elsaß-lothringischen Behörde befindliche Gegenstände, so ist das Amtsgericht, in dessen Bezirk das betreffende Grundstück belegen ist, das öffentliche Buch geführt oder der Gegenstand verwahrt wird, zur Ausstellung einer Bescheinigung zuständig, welche den Erben zur Verfügung über das Grundstück oder das eingetragene Recht oder zur Empfangnahme des verwahrten Gegenstandes ermächtigt.

Das Verfahren richtet sich nach den §§ 2 und 3.

§ 8. Sind in einer letztwilligen Verfügung die Bedachten nicht mit derjenigen Bestimmtheit, welche zur Beschaffung des Ausweises über ihre Berechtigung erforderlich ist, bezeichnet, so können dieselben bei dem in § 1 bezeichneten Gericht auf Ausstellung einer ergänzenden Bescheinigung antragen.

In derselben ist nur zu bezeugen, daß die Antragsteller den Nachweis geführt haben, daß sie die in der letztwilligen Verfügung bezeichneten Personen sind.

Die Bestimmungen des § 5 finden auch auf ergänzende Bescheinigungen Anwendung, soweit es auf die darin bescheinigte Thatsache ankommt.

Das Verfahren richtet sich nach den §§ 2 und 3.

§ 9. Beantragt der Erbvermächtnißnehmer die Ausstellung einer Bescheinigung, daß Vorbehaltserben nicht vorhanden seien, so finden die §§ 1, 2, 3 und 5 entsprechende Anwendung.

Dasselbe gilt, wenn sonstige Vermächtnißnehmer, der auf Grund des ehelichen Güterrechts oder einer Schenkung im Ehevertrag oder unter Ehegatten Ansprüche an den Nachlaß erhebende Ehegatte oder die zur Ausübung des gesetzlichen Rückfallrechts Berechtigten die Ausstellung einer Bescheinigung beantragen, daß gesetzliche Erben nicht vorhanden seien.

§ 10. Die Erbbescheinigung und die gemäß § 7 dieses Gesetzes ausgestellten Bescheinigungen können geeigneten Falls auch an Stelle der in bestehenden Gesetzen erforderten Eigenthumszeugnisse zum Nachweis des Eigenthums verwendet werden.

Die Ausstellung von Eigenthumszeugnissen geschieht in allen Fällen durch die Notare.

§ 11. Die in nachstehenden Gesetzen den Präsidenten der Landgerichte beziehungsweise den Landgerichten übertragenen Obliegenheiten gehen auf die Amtsgerichte über:

des objets se trouvant entre les mains d'une autorité d'Alsace-Lorraine, le tribunal cantonal, dans le ressort duquel l'immeuble est situé ou le registre public est tenu ou l'objet est détenu, pourra délivrer un certificat autorisant l'héritier à disposer de l'immeuble ou du droit inscrit ou à recevoir l'objet détenu.

La procédure est celle des §§ 2 et 3.

§ **8**. Si dans une disposition testamentaire les institués ne sont pas désignés avec la précision exigée pour la preuve de leur droit, ceux-ci pourront demander auprès du tribunal, indiqué au § 1, la délivrance d'un certificat supplémentaire.

Dans ce certificat sera seulement attesté que les requérants ont fourni la preuve qu'ils sont les personnes désignées dans la disposition testamentaire.

Sont applicables les dispositions du § 5 en cas que l'attestation comprise dans un certificat supplémentaire donne lieu aux questions réglées par ce paragraphe.

La procédure est celle des §§ 2 et 3.

§ **9**. Les dispositions des §§ 1, 2, 3 et 5 trouveront une application analogue dans le cas où le légataire universel demande la délivrance d'un certificat constatant qu'il n'existe pas d'héritiers à réserve.

Il en sera de même du certificat qu'il n'y a pas d'héritiers légitimes dans les cas qu'il est demandé par un légataire, une personne intéressée en vertu d'un droit de retour légal ou par le conjoint qui élève des prétentions à la succession, soit en vertu des lois concernant les droits respectifs des époux, soit en vertu d'une donation par contrat de mariage ou entre époux.

§ **10**. Les certificats de qualité d'héritier et les certificats délivrés conformément au § 7 de la présente loi peuvent, le cas échéant, servir à prouver la propriété en remplaçant les certificats de propriété exigés par des lois en vigueur.

Les certificats de propriété sont délivrés dans tous les cas par les notaires.

§ **11**. Sont attribuées aux tribunaux cantonaux les fonctions conférées aux Présidents des tribunaux régionaux ou à ces tribunaux eux-mêmes par les dispositions suivantes :

Artikel 113, 784, 793, 1007, 1008, 1457, 1458, 1463 des Code civil,

Artikel 874, 907—952, 986, 993, 997 des Code de procédure civile,

Artikel 31, 32, 36, 38 des Gesetzes über die Geisteskranken vom 10. Juni 1838 (Bull. des lois, Sér. IX Nr. 7443),

Artikel 13 Abs. 1, 2 und 3 des Gesetzes, betreffend die Zwangsenteignung, vom 3. Mai 1841 (Bull. des lois, Sér. IX Nr. 9285),

§§ 12 und 13 des Gesetzes, betreffend außergerichtliche Theilungen und gerichtliche Verkäufe von Liegenschaften, vom 1. Dezember 1873 (Ges.-Bl. S. 310).

Dasselbe gilt von der Einweisung der außer dem Staate und den Pflegehäusern zur außerordentlichen Erbfolge berufenen Personen in den Besitz des Nachlasses.

Im Falle des Artikels 1007 des Code civil ist neben dem Amtsgerichte, bei welchem der Erblasser seinen allgemeinen Gerichtsstand hatte, dasjenige Amtsgericht zuständig, in dessen Bezirk sich das Testament befindet.

Artikel 925 des Code de procédure civile wird aufgehoben.

§ 12. Das Verfahren wegen Einweisung außerordentlicher Erbfolger in den Besitz des Nachlasses richtet sich bei den Amtsgerichten nach den Vorschriften der §§ 2 und 3.

Der § 5 findet im Falle der Einweisung entsprechende Anwendung.

§ 13. Gesuche in den durch dieses Gesetz den Amtsgerichten überwiesenen Angelegenheiten sind schriftlich einzureichen oder zu Protokoll des Gerichtsschreibers zu erklären.

Die Entscheidung kann ohne mündliche Verhandlung erfolgen, soweit nicht bestehende Gesetze ein Anderes vorschreiben.

Nicht verkündete Entscheidungen werden dem Gesuchsteller in Ausfertigung ausgehändigt, sofern nicht Aushändigung in Urschrift beziehungsweise Zustellung angeordnet wird.

Gegen die Entscheidungen des Amtsgerichts steht den Betheiligten die Beschwerde an das Oberlandesgericht zu. Auf dieses Rechtsmittel finden die Vorschriften über die Beschwerde in Grundbuchsachen Anwendung. Die Vorschrift des § 14 Abs. 2 des Gesetzes, betreffend die außergerichtlichen Theilungen, vom 1. Dezember 1873 bleibt in Kraft.

Art. 113, 784, 793, 1007, 1008, 1457, 1458, 1463 du Code civil ;
art. 874, 907 à 952, 986, 993, 997 du Code de procédure civile ;
art. 31, 32, 36, 38 de la loi sur les aliénés du 10 juin 1838 (*Bull. des lois*, sér. IX, n° 7443);
art. 13, al. 1, 2 et 3 de la loi sur l'expropriation du 3 mai 1841 (*Bull. des lois*, sér. IX, n° 9285) ;
§§ 12 et 13 de la loi sur les partages extrajudiciaires et les ventes judiciaires d'immeubles du 1er décembre 1873 (*Bull. des lois*, p. 310).

Il en est de même de l'envoi en possession des personnes appelées à une succession irrégulière, à l'exception de l'État et des hospices.

Dans le cas de l'art. 1007 du Code civil, le tribunal compétent sera et le tribunal cantonal auquel le défunt était soumis selon le statut de juridiction général et celui dans le ressort duquel se trouve le testament.

L'article 925 du Code de procédure civile est abrogé.

§ **12**. La procédure à suivre devant le tribunal cantonal par des successeurs irréguliers pour se faire envoyer en possession d'une succession est celle qui est prescrite par les §§ 2 et 3.

Les dispositions du § 5 trouveront une application analogue en cas d'envoi en possession.

§ **13**. Les demandes concernant les affaires qui d'après les dispositions de la présente loi sont conférées aux tribunaux cantonaux, devront être présentées par écrit ou déclarées devant le greffier qui en dressera procès-verbal.

La décision pourra être rendue sans débat oral, si des lois existantes ne contiennent pas de dispositions contraires.

Les décisions non publiées seront remises en expédition au requérant, à moins que la délivrance en original ou la signification n'en soit ordonnée.

Les intéressés pourront attaquer les décisions du tribunal cantonal par la voie du recours auprès du tribunal régional supérieur. Ce recours est soumis aux mêmes règles que celui qui est admis dans les affaires concernant le livre foncier. La prescription du § 14, al. 2 de la loi sur les partages extrajudiciaires du 1er décembre 1873 reste en vigueur.

§ **14**. Für die Entscheidung einschließlich des vorangegangenen Verfahrens in den Fällen der §§ 1, 7, 8 und 9 wird sowohl in der ersten Instanz als in der Beschwerdeinstanz die Hälfte der im § 6 des Gesetzes vom 3. April 1880 (Gesetzblatt S. 58) bestimmten Gebühren erhoben.

Die im § 2 erwähnten Protokolle der Notare sind stempel- und registrirungsfrei.

§ **14**. Dans les cas des §§ 1, 7, 8 et 9, il sera perçu pour la décision, y compris la procédure qui la précède, tant en première instance qu'en celle du recours, la moitié des droits fixés par le § 6 de la loi du 3 avril 1880 (*Bull. des lois pour l'Alsace-Lorraine*, p. 58).

Les procès-verbaux des notaires dont il est question au § 2 sont exempts des droits de timbre et d'enregistrement.

Strassburg, Druck von G. Fischbach. — 309

FSC
www.fsc.org
MIX
Papier | Fördert gute Waldnutzung
FSC® C083411

Kolibri 360 GmbH
Ferdinand-Jühlke-Straße 7
99095 Erfurt, Deutschland
produktsicherheit@kolibri360.de